稻盛和夫
经营实录 第2卷

利他的
经营哲学

[日] 稻盛和夫 著　京瓷株式会社 编　曹岫云 译

私心なき経営哲学

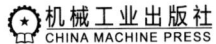
机械工业出版社
CHINA MACHINE PRESS

图书在版编目（CIP）数据

利他的经营哲学/（日）稻盛和夫著；日本京瓷株式会社编；曹岫云译. —北京：机械工业出版社，2017.6（2024.7重印）

（稻盛和夫经营实录）

ISBN 978-7-111-57016-5

I. 利… II. ①稻… ②日… ③曹… III. 企业管理－经验－日本－现代 IV. F279.313.3

中国版本图书馆 CIP 数据核字（2017）第 105102 号

北京市版权局著作权合同登记　图字：01-2017-2493 号。

INAMORI KAZUO KEIEI KOEN SENSHU (2)
SHISHIN NAKI KEIEI TETSUGAKU
by KAZUO INAMORI.
Copyright © 2015 KAZUO INAMORI.
Simplified Chinese Translation Copyright © 2017 by China Machine Press.
Simplified Chinese translation rights arranged with Diamond, Inc. through Bardon-Chinese Media Agency. This edition is authorized for sale in the Chinese mainland (excluding Hong Kong SAR, Macao SAR and Taiwan).

No part of this book may be reproduced or transmitted in any form or by any means, electronic or mechanical, including photocopying, recording or any information storage and retrieval system, without permission, in writing, from the publisher.

All rights reserved.

本书中文简体字版由 Diamond, Inc. 通过 Bardon-Chinese Media Agency 授权机械工业出版社在中国大陆地区（不包括香港、澳门特别行政区及台湾地区）销售。未经出版者书面许可，不得以任何方式抄袭、复制或节录本书中的任何部分。

利他的经营哲学

出版发行：机械工业出版社（北京市西城区百万庄大街 22 号　邮政编码：100037）
责任编辑：王　琦
责任校对：李秋荣
印　　刷：北京联兴盛业印刷股份有限公司
版　　次：2024 年 7 月第 1 版第 15 次印刷
开　　本：130mm×185mm　1/32
印　　张：11.625
书　　号：ISBN 978-7-111-57016-5
定　　价：79.00 元

客服电话：(010) 88361066　68326294

版权所有·侵权必究
封底无防伪标均为盗版

持续地将不可能变为可能的20世纪90年代

"从人们的常识来说,'绝不可能!那样的事不可能做成'。但是,我们做了,做成了。靠着坚强的意志和激烈的斗魂,我们做成功了。这样的意志和斗魂,经营者必须具备,这是绝对的。"

誰にも負けない
　努力をする

稲盛 和夫

推荐序

一灯照隅　万灯照世

判断基准是哲学核心

从 2005 年开始，我花了大约 1 年时间，写了《稻盛和夫成功方程式》这本书。为此，我认真阅读了当时可以找到的稻盛先生所有的著作和讲演。承蒙稻盛先生亲自推荐，这本书还用日文在日本出版并畅销。

从 2009 年开始，我又翻译和编译了稻盛先生的《活法》《干法》等 21 部著作。可以说，我对稻盛先生的思想和语言已经相当熟悉了。尽管如此，在翻译（和审译）"稻盛和夫经营实录"系列著作的时候，我仍然常常情不自禁地拍案叫绝，感动不已。我想，这是因为书中跃动着的活的灵魂触及了我的心弦。

稻盛先生是企业家中的哲学家。他心中总是持有两种互相对立的思想,并随时都能正常地发挥两者各自的功能。这就是哲学和哲学家的魅力。

"稻盛和夫经营实录"系列从20世纪70年代开始,跨越了40余年,包括《赌在技术开发上》《利他的经营哲学》《企业成长战略》《卓越企业的经营手法》《领导者应有的姿态》《企业经营的真谛》共6本书,涉及经营和人生的方方面面,内容非常丰富。

内容虽然丰富,但是稻盛哲学的核心可以浓缩为一句话,"判断事物的基准是:作为人,何谓正确"。换一种说法就是,把善恶而不是得失作为判断和行动的基准。

这一哲学贯穿在该系列55篇讲演的每一篇中,让每一篇都成为经典,使人读之如沐春风。

"一言兴邦",破产重建的日航,就因为32 000名员工学习、掌握并实践了这一哲学,仅仅1年便起死回生,经营业绩连续6年在全世界航空业遥遥领先。在实现全体员工物质和精神两方面幸福的同时,日航对客户、对社会做出了贡献。

可以设想，如果全世界的人都实践"作为人，何谓正确"这一哲学，那么人类将会升华，人类社会将会进入更高阶段的文明。

MBA 的缺陷

1982 年，通过选拔考试，我被国家经济贸易委员会派往日本东京的生产性本部学习企业诊断。学习内容主要是科学管理的分析技术和技法，基本上就是 MBA 的那一套，比如对作业人员的工作乃至动作进行细致的分析测定，对生产工序进行观察分析，对设备运转率进行测定分析，对产品和市场进行细分以及对企业的收益性、成长性、安全性等进行财务分析，等等。

在计划经济时代，中国企业都是全民所有制或集体所有制，用的是所谓传统的管理方法。当时适逢改革开放之初，随着市场竞争机制的导入，对于这一套生产管理、质量管理、目标管理、精益管理等的技术技法，大家觉得很新鲜。后来如雨后春笋般，各种商学院都教这些课程，大同小异。

但是，这一整套从西方，主要是从美国引进的科学的分析技法有一个缺陷。依靠这些分析技法，并不能分析出企业家为什么要办企业，企业的根本目的是什么，也分析不出企业家应有的人生观、价值观乃至企业家的人格，更分析不出企业员工的意识状况，而这些对于企业经营至关重要。现在我们的企业里发生的各种问题，乃至许多闻名世界的大企业发生的舞弊丑闻，其根本原因就在这里。这不是什么科学或科学水平高低的问题，而是有没有正确的企业哲学的问题。

特别在2008年，发端于美国的金融风暴席卷全球。这场危机的本质是贪得无厌的资本主义的暴走狂奔。资本主义的精英们使用现代最尖端的金融技术，靠所谓虚拟经济，以钱生钱，追求自身利益的最大化，结果造成了世界性的经济混乱和萧条。

自由竞争的市场原理、股东利益的最大化以及绩效主义，一方面搞活了经济，促进了社会的发展；另一方面，刺激了人的欲望，造成了严重的贫富差异，制造了社会动荡的根源。高度膨胀的利己主义、拜金主义在破坏人心的同时，也破坏了环境。在企业里，过度的绩效考核往往把人和人之间的关系变成了赤裸裸的、庸俗的金钱关系。

传统文化的局限

在以西方为代表的资本主义文明出现严重危机的时候，有人就想从东方文化，特别是从中国传统文化的儒释道中寻找出路，于是出现了"国学热"，现在方兴未艾。

中国几千年悠久的历史孕育了灿烂的文化，其中蕴含着巨大的智慧。特别是在正确的为人之道、致良知等方面，我们的古圣先贤有非常精辟的见解。这些教诲对于校正浮躁喧嚣的现实社会，具有深远的意义。

同时，在几千年封建皇帝的独裁统治下，我们的经济非常落后。在原始的、自给自足的自然经济条件下，我们没有也不可能产生现代意义上的企业这种组织形式，缺乏科学、民主和创新的元素。当然，我们也没有企业管理方面的科学，没有企业经营的哲学和实学，更没有经营十二条、会计七条、阿米巴经营，但这些是我们的企业家最需要的东西。另外，用难懂的文言文来教育企业的员工，改变他们的意识，事实上有很大困难。

稻盛哲学是集古今一切优秀文化之大成，应用于现代企业经营取得卓越成功的典范，是现代商业社会的儒释道。它把"作为人，何谓正确"，也就是把"是非善恶"作为判断一切事物的基准，在追求全体员工物质和精神两方面的幸福的同时，为人类社会的进步发展做出贡献。另外，稻盛说的都是大白话，简单朴实，易于为普通员工理解和接受。

卓越的社会实验

京瓷、KDDI以及日航共计约13万名员工，已经在某种程度上实现了全体员工物质和精神两方面的幸福，并通过技术、服务、税金以及他们成功的哲学实践，对人类社会做出了巨大贡献。

这是伟大的社会实验。几千年来，古今中外先贤圣人描绘的理想社会，在稻盛那里变成了现实，这是前无古人的。星星之火，可以燎原。如果我们从稻盛哲学和它的实践中获得启示，并把我们与生俱来的良知发扬光大，我们就可以成为一个个"小稻盛"，就能把自己的企业做得更好，让员工更幸福，对社会多做贡献。

"一灯照隅是国宝"，一个行业中只要出现一家实践稻盛哲学和实学的成功典范，就可能改变整个行业的风气。"一灯照隅，万灯照世"，如果有一万家企业实践良知经营并获得成功，就能改变整个商业文明的走向——从利己的文明走向利他的文明。

如果不改变人类这个利己主义的文明的走向，人类将没有未来！

稻盛和夫（北京）管理顾问有限公司董事长曹岫云
2017年5月10日

前　言

2009年6月，在北京大学，我以"为什么经营需要哲学"为题做了讲演。内容是半个多世纪以来我所贯彻的经营哲学以及这种哲学的必要性。讲演结束后，我被热情的听众所包围，以致多名警卫出动保护，方才离开现场。

中国的企业家们自改革开放以来，为追求自身利益最大化而努力经营。这样的经营在遭遇挫折，需要修正方向的时刻，我的基于无私精神的经营哲学打动了他们的心。

2014年5月，在英国牛津大学，我获得了表述我基本观点的讲演机会。这次讲演的题目是"运用哲学经营企业"。我以日本航空公司破产重建为例，阐述了经营者利他、珍视员工的重要性。当时英国的舆论正在集中批判企业经营者高额报酬的问题。出乎意料，我的讲演获得了听众雷鸣般的掌声。

2015年5月,受巴黎工商会所的邀请,我以"利他经营"为题发表讲演。结合京瓷和KDDI的经营实践,结合日本航空公司的重建,我论述了我的经营思想的核心——利他之心。法国人信奉合理主义,但我的讲演还是感动了他们,给他们留下了深刻的印象。报纸、网络上有许多报道。

现在,经济全球化趋势要求对资本主义前进的轨道进行修正。以欲望为发动机的、贪婪的资本主义正在向全世界扩展,同时社会的贫富差距极度扩大,社会矛盾极端尖锐。为了解决这个问题,有关国家正在建立和健全各类法律制度,强化管理监督体制。但是,我相信,问题的根源在于经营者的内心,根本的对策在于排除经营者的私心,就是利己之心。这是我的信念。现在,世界上对我的观点产生共鸣的人正在增加。

《利他的经营哲学》收录了20世纪90年代我所做的几次讲演。当时,日本泡沫经济开始破灭,日本的经营者逐渐丧失了经营企业应有的正确姿态。现在虽然已经过去了20多年,但出版社认为,我当时的讲演仍然可以成为企业家们的指针,可以为社会敲响警钟,因此才将本书出版问世。

"稻盛和夫经营实录"系列记述了我作为经营者,在半个多世纪的经营实践中一路不停不休向前迈进的足迹。

道路绝不平坦,甚至可以说都是崎岖险峻的攀登之路。我们之所以能够咬紧牙关,一直向前,一刻不停地走到今天,就是因为我们经营企业是为了实现全体员工物质和精神两方面的幸福,以及为了人类社会的进步发展,祈愿他人更好。除此之外,没有其他原因。

本书也是一样,内容都是应人之邀所做的讲演。但我希望怀着真挚之心投入经营的企业家以及各种组织的领导人,能够读一读本书。我祈愿本书的读者们,不仅能够经营好自己的企业,而且能够让身边更多的人得到幸福,并通过这种利他的行为,让这个社会变得更好。

稻盛和夫
2015年9月

目　录

推荐序
前言

经营者应该具备的人格 / 1
在盛和塾神户塾长例会上的讲话——1990年2月19日

  盛和塾诞生的经过 / 2

  创立京瓷之前 / 4

  感受本田宗一郎的气息 / 9

  人格成长，拓展经营 / 16

  经营需要勇气 / 22

  经营的要诀是销售最大、费用最小 / 28

  改变人的心理 / 33

领导力和判断基准 / 45
在原邮政省的讲演——1991年5月31日

  领导必须有领导力 / 46

领导人的第一条件：给组织施加影响力 / 49
现在的经营状态是日常判断的积累 / 52
"判断基准"决定领导人的价值 / 55
追问下去的话，就追到了人的本能 / 57
理性判断及其局限 / 63
在超越理性的灵魂层面上进行判断 / 71
人的本质是什么？与外国干部三天的讨论 / 76
我们凡人，怎么做才能够在灵魂层面上判断
　事物呢 / 80
"动机至善，私心了无" / 82
领导人应该具备优秀的品格和哲学 / 87

企业的自我革新 / 97
在第十六届研究开发管理科学讲座上的讲演
——1991年6月5日

发明发现属于哲学的领域 / 98
"概念先行"的发想 / 99
无法自我革新的日本社会风气 / 103
研究者的唯一依靠是内心的指针 / 105
缺乏高尚的人格，就抓不住事物的核心 / 109
蛮勇与真勇之间只差一层薄纸 / 111

本能和理性的作用 / 115
　　遭遇困难，不要逃避，要从正面应对 / 117
　　拂去杂念，新天地显现 / 119

经营和斗魂 / 125
在札幌盛和塾开塾仪式上的讲话——1992年8月26日

　　领导人的哲学决定经营 / 126
　　守护员工不是轻松的事 / 131
　　马拉松赛的斗魂 / 135
　　与其"不言实行"，不如"有言实行" / 141
　　竭尽全力紧跟先头团队 / 145
　　持续超速奔跑，促进成长发展 / 149
　　人们认为"绝不可能做成"的事，我们做 / 154

让企业经营好转的哲学 / 161
在盛和塾关东地区塾长例会上的讲话——1994年8月9日

　　当社长应有的心态 / 162
　　社长心得八条 / 162
　　为什么经营需要哲学 / 165
　　营造公司风气的是员工的心 / 170
　　关爱体贴中包含烈风般的严厉 / 172

利他的动机导致成功——创建通信事业 / 175
善意并购是业绩提升的关键 / 179

提高心性，拓展经营 / 193
在第一届领导人经营讲座上的讲演——1995年5月12日

提高心性，拓展经营 / 194
企业经营由领导人的思维方式和意志决定 / 196
公司的业绩就是经营者的意识本身 / 202
依靠朴实的判断基准，才有了今日的京瓷 / 207
人生·工作的结果＝思维方式 × 热情 ×
　能力 / 213
人用"心"判断事物 / 221
不能用本能、感觉、感情、理性进行判断 / 223
你的灵魂知道"何谓正确" / 229
至少一天静心20分钟 / 232
全体员工对哲学产生共鸣了吗 / 236
让哲学"血肉化" / 240
不断追问自己："动机善吗？私心无吗？" / 242
第二电电的成功证明了思维方式的重要性 / 248
为了日本社会的繁荣 / 258

在企业经营中的"六项精进" / 265
在第五届盛和塾全国大会第二天的讲话
——1996年7月6日

　　人生的目的、意义 / 266
　　人生只有一次,不能从头再来 / 268
　　为社会、为世人尽力 / 271
　　我们是为了做"利他"这一行,才降临
　　　人世的 / 274
　　在企业经营中的"六项精进" / 279
　　六项精进之一:付出不亚于任何人的努力 / 283
　　六项精进之二:要谦虚,不要骄傲 / 284
　　六项精进之三:要每天反省 / 285
　　六项精进之四:活着就要感谢 / 285
　　六项精进之五:积善行,思利他 / 287
　　六项精进之六:不要有感性的烦恼 / 287
　　实践"六项精进",成就伟业 / 290
　　白隐禅师的《坐禅和赞》 / 295

才能不可私有化,为社会、为世人尽力 / 309
在京都市干部职员研修会上的讲演——1996年8月30日

　　领导人应该是怎样的 / 310

基于东方哲学的严于律己的领导论 / 311
人的本质是什么 / 313
领导人不可把才能私有化 / 317
思念造业 / 321
所谓灾难，就是消业 / 325
首先应该思考"人生的意义" / 328
"为社会、为世人"应是公仆的人生态度 / 333
然而，领导人必须自己做出判断 / 335
"率先垂范"才是真正的领导人风范 / 343

注：本丛书选取了稻盛和夫从20世纪70年代至21世纪前10年（现代）的海量演讲稿件，并加以编辑和整理，其中可能存在故事重复或与当前状况脱节的用语，为了尊重时代背景并体现演讲的临场感，特意保持原汁原味，望各位读者理解。

经营者应该具备的人格

在盛和塾神户塾长例会上的讲话
——1990 年 2 月 19 日

　　这是在盛和塾（神户）创办时的讲话。

　　这篇讲话通过本田宗一郎和松下幸之助的事例，强调为了发展企业，重要的是经营者必须提升自己的人格。

　　另外，讲话还谈到经营的要诀是"销售最大化、费用最小化"，为了成为高收益企业，必须改变心理。

盛和塾诞生的经过

我刚从在夏威夷召开的国际会议上回来,有一点疲劳。但看到大家汇聚一堂,一副热心学习的样子,我也来劲了。我想再一次从盛和塾成立的原委和它的宗旨说起。

大约在 10 年前,我与从京都青年会议所毕业的年轻经营者们偶尔有机会在晚间一起喝酒。当时,他们问我:"究竟应该如何努力,才能像稻盛先生的公司一样发展得那么顺畅?有什么秘诀的话,请教教我们。"

我来到京都之后,受到了这个地区极大的关照。长期以来,我都有向京都地区报恩的想法。所以当他们提出要求时,我回答说:"如果大家真想认真学习的话,我可以教你们有关企业经营的方法。因为我工作很忙,不能频繁来往。腾出时间,一年几次,在晚上下班以后带着盒饭,大家一边喝一点儿酒,一边谈论经营,这种形式的学习会行不行?"大家都说:"好!那就拜托您了。"学习会就这样开始了。

参加学习会的企业家们都非常热情。也许是喝酒的缘故吧,我比在公司时更加兴奋。另外,据说大家听了我的话之后非常感动、十分受益。为此,我也感到格外高兴。

随着这个学习会的规模逐步扩大,我也愈加繁忙。但是,随着年龄的增长,我很早就有应该为年轻人做点什么的愿望。于是,我提出:"如果热心学习的企业家不断增加,那么就扩大学习规模吧,可以设置事务局,健全体制,以支持各地区的学习会。"大家接受我的建议积极组织,学习会的体制逐步完善。

也就是说,所谓盛和塾,是塾生们自发的学习会。我自带盒饭，不取报酬，在各地巡回讲演。中小企业的经营者们聚集在一起学习企业经营，这就是盛和塾的目的。

创立京瓷之前

出于这样的目的创办盛和塾，背后有我的思考。

其实，京瓷公司并不是由我自己创立的。

大学毕业后的 4 年间，我在一个主打产品是送电用绝缘瓷瓶的企业工作，被分配到研究开发部门。我研究的课题是与瓷瓶用途不同的高频绝缘的新材料。瓷瓶用于低频高压，频率只有 50~60 赫兹，电压高达几十万伏，是用在高压送电设备上的绝缘部件。而我开发的新型精密陶瓷用在收音机上就有几千赫兹，用在电视机上则有几百万赫兹，所用场所的电波频率极高。这种高频所用的电流虽然很小，但使用普通瓷瓶材料，绝缘性能会立刻遭到破坏，电流就会通过。我开发的新材料就是要求在高频条件下仍能保持绝缘性能。

在座各位都还年轻，我想大家不知道战争时代的事情。据说，日本在第二次世界大战中之所以失败，其原因之一是缺乏高性能的雷达。看一看中途岛海战就能明白，日本舰队只配备很简陋的雷达，想要发现美国舰队，就要派遣侦察机搜索。而美国舰队由于配置了性能优良的雷达，所以日本舰队一旦逼近，美方就会首先发现。

而这种雷达的性能，正是由其中使用的绝缘材料所决定的。在第二次世界大战时期，美军的B29大型轰炸机在轰炸神户和大阪时，曾被日军击落过。调查被击落的机体，日军发现它的雷达发射和接收信号的机器里，使用了大量的陶瓷零件。日军把这种陶瓷零件送往各个大学，要他们尽快研究开发。但是时不待人，不久战争就结束了。

战败成了一个契机，战后日本的电子技术发展很快。在这个发展过程中，昭和30年年初我开发出了新的绝缘材料。1955年，美国的通用电气公司在全世界第一个合成了镁橄榄石这种新材料。第二年，即1956年，我在日本第一个开发了这种材料。当时正值日本电视播放刚刚开始的时机，我开发的这种材料正好用于电视机的显像管中，市场需求巨大，我的运气真好。

但是，在后来的研究开发中，我与上司在技术问题上发生了争执。在某项新产品的开发上，因为一时没有获得满意的成果，这位上司就说："你只是一个乡村大学的毕业生，为有历史传统的大企业（日立制作所）开发最尖端的产品，这样的任务你难以胜任。"公司里有许多一流大学的毕业生，由他们来接替我的工作。这样一来，就不需要我了，那我就辞职。于是，我辞职离开了公司。

这是发生在1958年的事。我大学毕业后进公司3年半，就成了一个部门的领导人，带领100名部下，年销售额达3000万日元。同时，我还搞研究开发。在整个公司连续赤字的情况下，唯独我领导的部门盈利，大家对我寄予厚望。但因为与上司发生矛盾，结果我不得不辞职走人。

另外，在这之前，巴基斯坦一家瓷瓶企业的专务董事——是老板的儿子，他到我们公司来实习。他在我身旁，对我的研究很感兴趣。特别是我使用电炉开发各种新产品，他很关注。他说："现在一般都用煤炭或柴油烧制陶瓷，但结果不太理想。你烧制的产品这么漂亮，看来使用电炉是个好办法。"我回答说："用电炉烧制，可以烧出质量均匀的瓷瓶。我为你们设计一台电炉吧。"他说："我们需要一台过去没有的大型电炉。"于是，我就帮他设计了，并请生产电炉的厂家为他们制造了一台。

因为有这么一个原委,这位巴基斯坦的二代公子就不断来信,请求我"务必来巴基斯坦,并担任我们企业的厂长"。正在此时,我与上司吵架的事情发生了。"在日本工作没有意思,干脆去巴基斯坦吧。"我曾认真地思考过。但是,我大学时的恩师以及多位前辈都规劝我、阻止我,于是我打消了去巴基斯坦的念头。

同时,担心我前途的几位前辈聚在一起,经商谈为我创建了京都陶瓷,就是今天的京瓷公司。所以说,京瓷并不是我自己创建的。一般来说,创立新型风险企业的人,或者因为自己有才能,或者有成为企业家的野心。但是,当时的我却并没有这样的野心,只是觉得再待在原来的公司里已经没有什么意义了。这时,前辈们帮我创立了公司。

尽管不是凭自己的意愿设立的公司,但有一个让自己的技术得以问世的场所，我感到非常高兴。在京都陶瓷这家公司里，我精神百倍，开始了紧张的工作。最初我并没有当社长，而是由帮我创立公司的其中一位，也就是京都宫木电机的社长兼任京都陶瓷公司的社长。还有一位是我原来公司的上司，他当专务董事。我是董事兼技术部长，但实际上企业由我直接经营。

公司一成立，我们就夜以继日，拼命工作。由原公司出来的7名同事、新招聘的20名初中毕业生，再加上我，共计28人开始起航。第一年销售额达到2600万日元，有一成多即300万日元的利润。从那时起到现在，已经过去了32个年头，公司没有出现过一次赤字。

感受本田宗一郎的气息

在公司成立后的第二年，我渐渐感觉到经营企业真是一件难事,因为对于企业经营我原本一无所知。所以,经营到底是怎么回事?经营者究竟应该成为怎样的人?我百思不解、烦恼不堪。

正在这时,我拿到了一张有关讲习会的广告:在神户的有马温泉住几天,可以听有名的企业家讲演,价格要好几万日元。当时对我们的公司来说,这是一笔不小的开支。但让人记忆深刻的是,讲师名单中有"本田宗一郎"的大名。

当时,我所知道的著名企业家也只有本田宗一郎和松下幸之助两位。在第二次世界大战以后,在滨松这个地方,从制造小型自行车开始的公司居然创造了"梦想号"这一卓越的摩托车,仅仅一代,声望就席卷全世界。这么厉害的角色,除本田宗一郎之外,恐怕别无他人吧!一个开自行车铺的大叔竟然获得了如此辉煌的成功,我一定要见一见他,听一听他的讲话。我想,那样的话,我就能弄明白经营究竟是怎回事了。

当时我认为，经营出色的人是所谓人种不同的人，他们是居住在另一个世界的人。对于像我这样从乡间大学走出来的人，究竟能不能从事那么有挑战性的企业经营工作，我一直抱着一种单纯的疑问。为此，首先我想知道，所谓有名的经营者究竟是何等人物，还有究竟哪种类型的人能够成功经营企业。于是，我就去找宫木电机的专务西枝一江先生商量。他是帮助我建立京瓷的恩人之一，当时担任京瓷的董事。

西枝先生从旧制新潟高中考入京都大学，有京都大学毕业的资历。他的年龄比我大很多，是一位没有私欲、人格高尚的人。另外，大概是因为有佛教思想的背景，作为企业经营者，他也非常优秀。每当我工作得筋疲力尽的时候，我就会去西枝先生处发发牢骚。这时，他会把我带到常去的酒馆，一边喝酒，一边听我发牢骚,那时他给我许多教诲。接受他的熏陶,是造就今日之我的一大要素。

这次,我对西枝先生说:"在有马温泉,本田宗一郎先生要来,我想去听一听他的讲话。参加费要几万日元,希望你同意为我出这笔费用。"西枝却说:"你怎么会提出这种要求呢?一直以来,有关经营的问题,我不是一边同你喝酒,一边经常在教育你吗?到那种地方去花冤枉钱,没有必要。"

但是,我坚持一定要去。我说:"不管怎样,我想去会一会本田宗一郎这个人物。获得那么奇迹般成功的人究竟是何方神圣,我想去见一见。"在我力争之下,西枝先生只好让步。他说:"其实,去也学不到什么东西。但你非去不可的话,那就去吧。"

到会场一看,在一个很大的客厅中央放了一个讲台,周围放了一些小桌子,听者席地而坐。讲习会开始，本田先生一出场，就给了我们一个下马威："诸位，你们是干什么来的？泡泡温泉，穿上浴衣，来学什么经营？你们未免太舒服了。我学经营可没像你们这样，还要花那么多钱。既然你们有这个闲工夫，还不如赶快回到自己的公司去干活，那样才能学到经营。"本田的意思是说我们都是傻瓜。本田先生尖锐的抨击，一下子使我惊呆了。

接着，我就听本田先生讲了1个小时。当时，他说工作应该"与欲望同行"。西枝先生总是强调，重要的是"作为人，何谓正确"，他教导我工作的根本目的不是满足欲望。但本田却说工作要"与欲望同行"。他又说："我的公司制度非常严厉，我发火时会把扳手扔向员工。我们的干部员工就是在扔扳手中锻炼出来的。如果你们想成为我这样的人，就要吃我这样的苦，像我一样勤奋努力。"这是本田先生激发员工干劲的方法。"我要赚钱。为什么要赚钱呢？就是为了尽情玩乐。"本田先生在员工面前公然这么宣讲。

听说，本田先生曾把滨松的艺伎一齐招来，派头十足，玩得痛快淋漓。据说他年轻时，还曾把一位年轻气盛的艺伎从二楼推下去。召集全体艺伎游乐，胡打乱闹耍酒疯，这可不是一般人玩得来的。本田借此发泄自己的情绪，然后又付出数倍于人的努力。这种玩法需要大笔金钱，所以本田说，你们若想像我一样潇洒，就要像我一样拼命干活。本田是用这种方法激励自己的。

真有男子汉大丈夫的豪情，我当时很受冲击。确实，世上有西枝先生教导的那种活法，就是时时思考做人的理想状态应该是怎样的。但是，看看这个现实世界，人太好了，公司反而做不大，这种例子很多。而像本田这样豪放不羁的人，反倒能将公司做大。当时我就是这么想的。

常有"亲聆教诲,感受气息"这样的说法:不是通过读书,不是听人介绍,而是直接与本人见面,直接聆听他说话。比如,现在我就是在大家面前用语言讲述。与本人会面时,不仅能听到语言,而且能直接感受到这个人的气场。再进一步讲,有一种眼睛看不见的力量传递过来。同活生生的人直接接触,这同单听录音,看录像效果迥然不同。

"亲聆教诲,感受气息",由此抓住杰出人物的特别之处,这是我去参加讲习会的理由。但是,从此以后,我就再也没有参加过讲习会。我还很年轻嘛,如果说那么著名的本田先生也就是这个水平的话,我将以我自己的方式努力做出我的一番事业。

在我创建的这个盛和塾里,也有听了我的话受到感动而发奋有为的人。其中也会有人这么想:"京瓷公司的会长也没有什么了不起嘛。"这就很好。听了我的话,大家发奋图强,努力经营,力争超越我,这就是作为经营者真正学到了经营。

所以,我直接与大家见面,采用各种学习形式。如果有人认为:"既然像稻盛先生那种水平的人都能干出这么大的事业,那么我也想更加努力地工作,想更用功学习,想把事业做得更大。不!不仅是想,而且我还要做,要做给他看。"如果有人这么想,那正好符合了我创办盛和塾的宗旨。因为同我相识相会,诸位成了超越我的优秀经营者,这正是我的期望,是我创办盛和塾的动机。

人格成长,拓展经营

言归正传。本田先生讲要"与欲望同行",这真的对吗?当时我是抱有一丝疑问的。"与欲望同行",把事业做得有声有色看起来生气勃勃,但这只是一时的景象,到某个时候、在某个地方难免露出破绽。我一直抱着疑惑的态度，但后来发生的一件事让我如梦初醒。

自创业以来，京都银行一直是我们业务往来的主要银行。某个城市银行也希望同我们建立业务关系，所以来拜访我们。当时我想，对方想建立业务关系，我方就轻率同意，似乎不妥。而且社会对银行的评论认为，在企业经营顺畅时银行乐意借钱，一旦企业资金紧张，银行就不肯贷款。也就是说，晴天借伞，雨天收伞。正因为风闻银行势利，所以我对他们的来访抱有一丝警戒之心。

因为京瓷的经营状况良好，所以银行想来建立业务关系。但是如果经营恶化时他们不肯关照，那么建立合作关系就没有意义。所以我考虑，在合作之前了解这家银行领导人所持有的哲学很重要。于是我对来访的分行行长说："我想见一见贵行的领导，只要我认可他的理念，就可以合作。"当时我说这话，现在看来似乎年少气盛，有点儿狂妄。结果，这位城市银行的领导在银行总部会见了我。

这位领导在经济界名气很大。我以前的书里也曾提到过他。因为在我的印象中他是一个很出色的人物，所以我很高兴前去与他见面。但这位领导一出场就对我说："稻盛先生，今天我是来接受你的面试呢。"他用讽刺的口吻给了我一个下马威。但初生牛犊不怕虎，我也不甘示弱，直截了当地回答："这倒不是。只是在与贵行建立合作关系之前，我首先想请教贵行领导人持有怎样的哲学。"

"那么，你又具备什么样的哲学呢？"他反问我。于是，我就把平时西枝先生教导的人格最重要之类的话说了几句。不料他说："你是少年人说老成话。你不过30岁出头，讲这些老套的话可不好呢。我现在到了这个年龄，当然能够理解你讲的道理。但在年轻时，我可是个泥土气十足的人。不光是我，就是那位著名的松下幸之助先生年轻时也很张扬，做事不靠谱。"

他的这番话让我吃了一惊。我一直钦佩松下幸之助先生。松下的 *PHP* 这本小杂志，从京瓷创业开始，我就定期发给全体员工，我们一直在学"松下哲学"。听了这位银行领导的话我才明白：作为人格高尚的榜样，闻名于世的松下幸之助先生在年轻时也曾任性胡闹。随着年龄的增长，他才变得成熟老练。随着松下先生的心性和人格日臻完美，松下电器也成长为一个巨型企业。如果松下先生一直像年轻时那么任性张扬，那么松下电器也始终只能停留在中小、中坚企业的阶段吧！听了这位银行领导的话，我就是这么想的。

本田先生亦是如此。在那次讲习会见面之后，相隔20年，我们再次相会。1984年，我被推荐为瑞典皇家科学院的委员。同时成为委员的还有本田先生、索尼的井深大先生、东京大学的名誉教授等，日本一共有10名委员。

受到皇家科学院的邀请时，我与本田先生在一起。与本田先生近距离接触，我感觉到他确确实实是一位人格高尚的长者。我们在瑞典的沃尔沃汽车公司、阿西亚重型电机公司等企业进行巡回讲演。整整一星期，我们一直待在一起。本田先生真是一位富有人格魅力的人。

本田先生身边有个副社长藤泽武夫。两个人是好搭档，本田搞技术，藤泽管财务和总务。一般人的评价是，这一对黄金搭档成就了今天的本田技研公司。但我认为本田成功的原因不仅仅在这一点上。在年轻时，本田先生确实个性张扬、出手阔绰，"与欲望同行"。然而，随着岁月的流逝，本田先生的是非之心觉醒，理解了"作为人，何谓正确"，人格不断提升、日趋成熟。随着人格的提升，从两轮车到四轮车，从轻型汽车到普通轿车，本田技研公司业绩的飞跃与本田先生人格的飞跃保持了一致。

只要正视这一事实，就能证明西枝先生平日的教导以及我一贯以来所提倡的观点是正确的。如果年轻时就能够明白这些道理，加上拼命努力去实践，我坚信我们一定不会输给本田和松下，走上成长发展的康庄大道。事实上，我们就是这么一路走来的。

我从自己的切身经验出发，说明人格的重要性。在这个盛和塾里，我会一如既往，不断强调这一点。从根本上说，你们每一个人，包括我在内，都不过是一个普通的人，头脑的聪明程度并没有多大的差异。确实有的人聪明伶俐，有的人不太聪明，但这种能力的差距可以通过努力做出相应的弥补。然而，从工作的结果来看，人与人之间可以有天壤之别。这到底是为什么呢？人性之差、人格之差导致了结果的巨大差异。在盛和塾里，我并没有传授所谓的经营的诀窍，我告诉大家的是:只要提升人性,提升人格,经营就会顺畅。

经营需要勇气

若想竭尽奢华、尽情享乐,把艺伎全体招来,一掷千金,为此就要拼命工作。本田技研能够发展壮大,这一事实当然不能忽视。本田先生、松下先生以及刚才那位城市银行的领导年轻时都与自己的"欲望同行",因而发奋努力。也就是说,出于满足自身欲望的动机,他们自我鞭策、努力奋斗,取得了成功。这是一种情况。另一种情况是西枝先生所强调的,也是佛教所倡导的"慈悲"之心,或者是基督教所倡导的"爱"。基于慈悲和爱去经营企业,激励自己的动机就不再是满足自己的欲望。但是,这一点做过了头,意气风发的工作劲头就会衰退,乃至厌倦。

为了防止这两种偏向，我把两种思想合而为一，强调"大欲似无欲"。也就是说，从提升人格这一角度上讲，我们需要有一个更加高迈的动机来激励和鞭策自己。

并不是在刚开始时我就具备了这个想法，并不是原来就有既成的计划。事实上，在公司创办初期，对于什么是经营，我一窍不通。

朋友为我出资300万日元，招聘了20名初中毕业生，必须给员工们饭吃。宫木先生、西枝先生等人拿出了300万日元的资本金。西枝先生又用自家的房屋担保，从京都银行借了1000万日元。但是，到此为止，从那以后我再没有开口要过一分钱。现在公司的资本金已达964亿日元，在这期间，除出资的300万日元和贷款的1000万日元之外，我再也没有向他们要过一分钱。对招聘来的20名员工以及同我一起从原来的公司辞职而来的7名"战友"，我必须保证他们有饭吃,必须承担这个责任。

值得庆幸的是,一起创业的7位成员同我建立了深厚的友谊,给了我巨大的帮助。如果公司经营失败了该怎么办?我因担忧而夜不成眠。与他们商量时,他们表示:"在公司快要破产时,哪怕去打零工,我们也会拼命干活,唯独你一定要把研究工作继续下去。你研究所需要的费用,由我们打工赚钱来提供。"

一旦公司开始运行,我必须保证招来的20名员工的生活,为此,我拼命工作。因此我的情况是,一开始就没有把满足自己的欲望作为工作的动机。必须守护员工,这是我一贯的做事动机。把必须守护员工作为动机,我就能够夜以继日拼命工作。我认为,为了守护全体员工,怎么辛苦努力都值得,哪怕粉身碎骨也无妨。我就是这么干的。

同时,我认为人格是最重要的。所以不管有多好的赚钱机会,作为人,不该干的事坚决不干,这是我坚持的信念。我以此自戒自勉。

经济界是个修炼场,因此斗志必不可少。好在大学时代我练过空手道,所以具备勇气。不管是什么修炼场,哪怕真要打架我也毫不畏惧。

我常说性格善良是好事,但太过善良,小时候连架也没打过的人不适合当经营者。社长、副社长、常务董事等处在领导岗位上的人,肩负着公司的命运、员工的命运,这些人如果害怕打架,缺乏勇气,就无法承担自己的责任。打败了也行,臂力不强,被人打倒在地也没关系,但决不能卑怯退缩。明知打不过人,也许会被杀死,尽管如此,出场的勇气决不可丢。

如果意识到自己肩负着员工的命运,那么这种责任感就能化为勇气。我就是把这种责任感当作动力,为守护员工而奋斗至今。我感觉这是非常好、非常幸福的事情。

日语里的员工叫作"从业员",实际上也包括我在内。"追求全体员工(从业员)物质和精神两方面的幸福",这是我在创业后不久公示的京瓷公司的经营理念。这里所讲的"从业员"是相对于经营者而言的,指的就是社员。但真的按照字面意思解释的话,"从业员"应该是从事事业的成员。而我就是第一号"从业员",是所有"从业员"中工作最卖力的。我认为,包括我在内,大家都是"从业员"。经营企业不是为了经营者个人发财致富,期望包括我在内的全体员工(从业员)获得幸福,才是我经营企业的目的。在公司建立后不久,我就公开宣布了这一条,这是非常正确的。

守护全体员工现在和将来物质和精神两方面的幸福,我把这种责任作为动力,努力至今。我想我是具备佛心的人,但当公司与交易方产生纠纷时,我决不会轻易退让。如果只是我个人的利害问题,也许我不会那么执着，因为只要自己愿意蒙受损失，事情就可以了结。但是，一旦涉及公司的经营，如有必要，我会鼓足勇气、挺身而出，不惜针锋相对。现在，京瓷在美国有两宗官司，对手是比京瓷大很多的美国企业，我们毅然接受这两项诉讼。

美国人了解日本大企业经营者的弱点。他们因为害怕，或者因为看重面子，一旦有事就赶快花钱和解。所以，作为一种手段，美国人经常提出诉讼。我刚才讲了，对方要找碴儿打架，我就迎面而上。所以，这次我作为企业领导人打头阵，亲临法庭，接受陪审员的质询，提出证词。这并不是因为我喜欢吵架。一想到是为了公司，为了员工，我就会涌出一股勇气，迎难而上。

今天在座的诸位当中，也许有人不理解我，为什么要搞盛和塾这种义务教育活动，而且如此不遗余力。我想，这就是我的利他的哲学，或者说是一种宗教情怀促使我这么做也未可知。

再进一步说,我之所以有闲暇为大家做讲演,是因为京瓷的员工努力工作。因此,如果大家要感谢我的话,我想请你们先感谢京瓷的员工。

前面讲到过,我希望大家这么想:"京瓷究竟是何等人物在经营呢?一杯酒下肚,与他交谈,好像此人与自己并无多大差别。稻盛先生不过是与我们大致相同的一个普通人而已。"这样就能给予大家一种刺激。我再讲一遍,如果大家因此发奋图强,甚至超越我,那就正好符合了盛和塾的宗旨。

经营的要诀是销售最大、费用最小

同时,从为了公司的责任感出发,在公司金钱的使用方面,我采取了严格的态度。我最讨厌乱花公司金钱的人,会对他们严加训斥。我发现,对公司的钱随意乱花的人,总是对自己的钱管理细致且吝啬的人。

对自己的钱,我从不在意。因为受影响的只是我个人,至多影响到我的家庭。到百货商店买东西,我不会讨价还价。在家时,我会对妻子说:"买东西要杀价哦。"但被带去百货商店,我很快就忘了讨价还价,"你说的这个价钱,行了",甚至语无伦次。还有,园艺师来我家整修庭院,我会对妻子说:"园艺师只是把松树的枝叶剪一剪,要价就这么高。"但面对园艺师我却说不出口。园艺师进门会说:"您好!请多加关照。"我会不假思索地说"啊!一直受到您的关照",简直是前言不搭后语。

但是,如果是公司的事情,我就很会讨价还价。看到采购部门采购马虎,我会对他们说:"这是在使用大家的钱购进原材料,你们要有这个意识。供应商说什么你们都点头,在他们看来,你这个采购部长人不错。但这不是很怪吗？如果不用尽可能低的价格采购，对公司就不利。这次采购价格由我直接交涉，你们看我是怎么交涉的。"接着，我会坦率地对供应商说："你这个价格高了一点儿，如果不降价的话，我们将从别的厂家进货。"

在家时，我一点儿威势都没有。因为无论对错，影响都不大，最多影响到我的孩子。凡事自己忍耐一下就过去了。但是，一到公司，比如有20名、30名员工，加上他们的家属就有100人，必须保证这100人有饭吃，所以光是一副好人面孔不能解决问题。

因此，讨价还价不是坏事。低价购进材料，提高产品的附加价值，这是合理的，并不违反人性。

过去我对人说过，凡是中小企业必有竞争，所以想靠高价谋取暴利是不可能的。所以通过在互相竞争中确定的卖价获得高收益，是自己努力的结果。制定不合理的高价赚钱叫作谋取暴利，但在竞争中制定能够畅销的价格从而提高利润是正当的，是自己努力的结果。

这个观点很重要。经常有这种情况，中小企业一努力，效益提升，就有人批判，说是贪图暴利。但是，说实话，他们不该批判，应该表彰才对，应该说："你们干得好！"而另一方面，这些批判别人的人又会抱怨，自己的公司不赚钱是因为竞争激烈。这简直是混账逻辑。这是他们不努力的结果。如果努力的话，不管竞争多么激烈的行业，都可以获取相当的利润。我相信这一点，所以经营一直顺畅。

但是，为了提高利润，重要的是首先要弄明白利润是怎么产生的。

那么，利润是怎么产生的呢？首先销售额必须提高，为了提高销售额，需要花费材料费、人工费、电费等各种费用。销售额减去这些费用，剩下的就是利润。

既然销售额减去费用剩下的就是利润，那么大家就会明白，尽量增加销售额，减少费用，这才是重要的。我不懂会计，不懂财务，所以这样简单地去理解利润，这是谁都可以理解的道理。但是，很多人却不这么思考问题。不知在座的各位怎样考虑，有人就只考虑"要获得百分之几"的利润。

而且，销售额增加，费用也增加，大家都这么想。因为大家都有一些经营学和会计学的知识，所以才会这么想。但是我既不懂经营学，也不懂会计学，所以我只知道销售最大化、费用最小化，这就是经营。所以我的工作就是大力降低费用，大力提升销售额。

当然，会计学有固定费用和变动费用等各种费用增加的因素。但不管哪种费用都应该尽可能不用或少用，同时尽可能增加销售，首先必须这么去想。销售增加，费用也会随之增加，这是一般情况。或许有人认为，我的想法像画漫画一样随心所欲、不切实际。但是，怀抱坚强的意志，为了做到销售最大化、费用最小化而付出努力，这才是经营的要诀。

所以，不是直接把利润率作为目标去追求，而是付出努力，把销售最大化、费用最小化这一条做彻底，利润率只不过是努力的结果而已。

改变人的心理

日本社会只把眼光放在"销售利润率是百分之几"这一点上。你们公司是 5%，我们是 7%，我们比你们强，说的人自鸣得意。这种态度是不对的。这个 7% 是好是坏究竟是由谁决定的呢？

一般来说,不管哪家公司,利润率都是5%~6%,如果有10%就算很好了。但是,这不过是指整个行业的利润水平。这个利润水平是好的,并没有人下这样的结论。因此,我们必须无止境地追求企业的高收益。

例如,我们提出"利润率要达到20%",有人就会想:20%的利润率,那怎么可能?但是,正因为认为20%的利润率不可能实现,所以做不出20%的利润率,这是意识起了阻碍的作用。另外重要的是,对于20%之类固定的数值,不去意识它为好。当做到了销售最大化、费用最小化时,作为其结果,或许就有20%乃至30%的利润率。我们应该这么去思考问题。再次强调,所谓利润,并无止境。努力做到销售最大化、费用最小化,利润不过是这种努力所产生的结果而已。

考虑到竞争对手的情况,我们要争取百分之几的利润率。当你这么想的时候,这种想法在无意识中已经控制了你的头脑,从而影响到经营的各个方面。站在经营者位置上的各位的心理、感情,会在公司的经营中直接反映出来。公司会变成你心里想象的那个样子。

有人认为,公司并不会马上发生变化。这是一个方面,也是事实。但是,你无意识中思考的问题,一定会有形无形地反映到公司的经营上。一旦你认为有6%的利润率就不错了,达到10%那就太好了,你就不会付出超越这10%的努力。

以下例子很有意思。过去,人工费因为闹春斗,每年上升15%～20%,最高的一年达到30%。在那个时代,这是理所当然的事。对于大部分企业,人工费约占销售额的30%,低的企业只占20%。虽然不同行业略有差异,但是对于制造企业,如果人工费占到40%就难以经营,所以一般都将其控制在30%以下。

如果销售额的 40% 是人工费的话，这个 40% 的人工费因为春斗每年都会上升。如果年上升率为 30%，因为人工费占销售额的 40%，40% 的人工费上涨 30%，乘法算一算，人工费上升相当于年销售额的 12%。

另外，如果是零售行业的话，不是销售额，而是相对于毛利率而言的人工费率或许是一个有用的指标。但这里讲的是生产厂家，就是制造产品，销售产品的企业。其同买进卖出的零售行业和批发行业相比，人工费率是不同的。

日本大型电器企业的销售利润率一般是 4%～5%。因此，人工费上涨 12%，企业一下子就会跌入赤字，第二年一定会出现 7%～8% 的亏损数字。然而，这样的亏损情况哪家公司都没有出现。接着第二年，工资又涨 12% 左右，但照样还有 4%～5% 的利润率。前一年只有 4%～5% 的利润率，第二年工资上涨 12% 以后，仍然能够保持 4%～5% 的利润率，这简直就是奇迹。这是为什么呢？因为人被逼入那种环境以后，会想方设法推进合理化。按老办法做必然出现赤字，推进合理化以后，仍能做出 4%～5% 的利润率。

同样，生产厂家的人工费占销售额的 40%。如果工资上涨 6%，相乘的话，一年的工资上涨就要占销售额的 2.4%。如果利润率是 5%，那么大约一半的利润就被上涨的人工费吃掉了。但实际上，第二年仍然做出了 5% 的利润率，并没有因为人工费的增加而降低利润率。这是因为上涨的人工费由大家的努力弥补了。反过来思考，如果吸收了 12% 的工资上涨因素仍能做出 4%～5% 的利润，那么在前一年就做同样的努力，应该可以做出 17% 的利润。

但是，人是脆弱的动物。依靠自己的意志改变自己，是一件很困难的事情。深信不可能，等于自己否定了可能性。只有相信可能性的人，才能改变自己。但实际上这很难做到。人在精神、感情上其实是很软弱的,要采取行动锻炼自己往往力不从心。

但是,如果环境变了,人就会自然地发生变化。客观的社会经济形势发生了变化,自己如果不相应改变的话,就会落伍,甚至坠入悲惨的境地,所以没办法,只能改变自己。

如果在1年以前付出与现在一样的努力,现在就不会跌入赤字,吃这种苦头。环境逼着你这么思考,在这种环境下,人就可以发生变化。

从这个例子来看,利润率多少为妥当?对这样的提问本身要打上一个问号。百分之几的利润率为好,这种思维方式是虚无的。这仅仅是经营者心里思考的平均值,不是什么客观的真实。所以,销售最大化、费用最小化,付出努力去实现,才是经营的原点。

要 点

头脑的聪明程度并没有多大的差异。确实有的人聪明伶俐,有的人不太聪明,但这种能力的差距可以通过努力做出相应的弥补。然而,从工作的结果来看,人与人之间可以有天壤之别。这到底是为什么呢?人性之差、人格之差导致了结果的巨大差异。只要提升人性,提升人格,经营就会顺畅。

○

社长、副社长、常务董事等处在领导岗位上的人,肩负着公司的命运、员工的命运。这些人如果害怕打架,缺乏勇气,就无法承担自己的责任。决不能卑怯退缩,明知打不过人,但出场的勇气决不可丢。

○

如果意识到自己肩负着员工的命运,那么这种责任感就能化为勇气。我就是把这种责任感当作动力,为守护员工而奋斗至今。

○

"追求全体员工（从业员）物质和精神两方面的幸福"，这是我在创业后不久揭示的京瓷公司的经营理念。这里所讲的"从业员"是相对于经营者而言的，但真的按照字面意思解释的话，"从业员"应该是从事事业的成员。而我就是第一号"从业员"，是所有"从业员"中工作最卖力的。期望包括我在内的全体员工（从业员）获得幸福，才是我经营企业的目的。

○

守护全体员工现在和将来物质和精神两方面的幸福，我把这种责任作为动力，努力至今。我想我是具备佛心的人，但当公司与交易方产生纠纷时，我决不会轻易退让。一旦涉及公司的经营，如有必要，我会鼓足勇气、挺身而出，不惜针锋相对。

讨价还价不是坏事。低价购进材料，提高产品的附加价值，这是合理的，并不违反人性。

○

凡是中小企业必有竞争，所以想靠高价谋取暴利是不可能的。所以在竞争中制定能够畅销的价格从而提高利润是正当的，是自己努力的结果。如果努力的话，不管竞争多么激烈的行业，都可以获取相当的利润。

○

既然销售额减去费用剩下的就是利润，那么大家就会明白，尽量增加销售额，减少费用，这才是重要的。我不懂会计，不懂财务，所以这样去理解利润，这是谁都可以理解的道理。但是，很多人却不这么思考问题，只考虑"要获得百分之几"的利润。

○

销售最大化、费用最小化，这就是经营。所以我的工作就是大力降低费用,大力提升销售额。当然,会计学有固定费用和变动费用等各种费用增加的因素。但不管哪种费用都应该尽可能不用或少用,同时尽可能增加销售,首先必须这么去想。怀抱坚强的意志,为了做到销售最大化、费用最小化而付出努力,这才是经营的要诀。

○

不是直接把利润率作为目标去追求,而是付出努力,把销售最大化、费用最小化这一条做彻底,利润率只不过是努力的结果而已。

○

要争取百分之几的利润率,当你这么想的时候,这种想法在无意识中已经控制了你的头脑,从而影响到经营的各个方面。作为领导人,经营者的心理、感情会在公司的经营中直接反映出来。公司会变成你心里想象的那个样子。

○

人是脆弱的动物。依靠自己的意志改变自己,是一件很困难的事情。深信不可能,等于自己否定了可能性。只有相信可能性的人,才能改变自己。

领导力和判断基准

在原邮政省的讲演
——1991年5月31日

　　邮政省是主管第二电电（现KDDI）的政府机构。这是稻盛为邮政省干部所做的讲演。稻盛以讲演前一年（1990年）发生的海湾战争，以及同一年担任第三次临时行政改革推进审议会部会长的经验为基础，讲述了自己的观点。

　　日本省厅的决策偏向自下而上，缺乏领导力。这种倾向是一个问题。从这个问题出发，稻盛阐述了领导人应有的姿态，以及领导人做出正确判断所需要的思维方式和有关方法。

领导必须有领导力

今天我讲的不是企业经营中的领导力,而是范围更宽的、一般意义上的领导力。刚才已有人介绍过我,我现在担任第三次临时行政改革推进审议会(简称行革审)中"世界中的日本"部会的部会长。我们这个部会有27位响当当的社会名流,最近每两周一次召开专题讨论会。在讨论中,对于领导人应该具备的资质,大家展开了激烈的争论。

"世界中的日本"部会是日本首个有权决定日本外交政策基本方针的部会。所以,从一开始,我就对委员们这么说:"诸位自然有各自不同的立场,但是到21世纪,我们的下一代应该制定出这样的外交政策:这种政策值得全世界的人对日本投来信任和尊敬的目光。为此,我认为,我们应该基于存小异、求大同的观点,高瞻远瞩,展开讨论。"

我不断重申这个观点。然而，讨论进入各个具体领域时，因为各人的立场不同，出现了意见分歧。统一大家的意见非常困难。今天这个讲演结束后，虽然已经很晚了，但是我还要把起草委员会的各位先生召集起来，进行最后的意见调整。

不久前发生的海湾危机，是一个暴露日本外交弱点的事例。关键时期，特别是在紧急事态发生时，日本应该有怎样的外交姿态？当讨论到这个问题时，我们不能不得出这样的结论：日本缺乏领导力。

在这样的危急时刻，各个部委的领导人必须怀抱责任感，必须拿出勇气，发挥各自的领导作用。比如说，海湾战争爆发以来，向海外派遣自卫队的问题发生了。因为我们有一个"和平宪法"，在宪法的解释上有许多课题，所以事情一下子决定不了。但是，当面临紧急事态时，各部委领导和干部的领导能力、各部委大臣（部长、委员长）乃至总理的政治领导力，就显得非常重要。这样的领导力必须来自勇气和责任感。一旦判断失误,结果将会怎样?有人会有这种担心。但是,哪怕下台也要豁出去,别无选择。只要具备这种勇气,领导应该就能够做出决断。

说得极端一点儿,决断正确与否,与领导力是两个问题。我认为,所谓领导力,首先是下决断,这是最重要的。因此,只有具备这种勇气的人物,才能充当领导人。对于这个观点,大家正在展开争论。

我们把各部委的干部请来谈话。但是,在听取他们的意见的过程中我们感觉到,领导人肩负责任,自己做出决断,带领组织去实行,这一条在现在的政府机关里做不到。大家认为,自下而上,通过讨论取得一致,然后做出决定才是正确的。但是这么做的话,在发生紧急情况时决策难免迟缓,从其他国家来看,就是日本不作为。我们只好接受这种批判。另外,还有一种意见,把原因归结到官员身上,这未免苛刻了。这是政治家的问题，下这样的决断本来就是政治家应该承担的责任。

基于以上的讨论——超越企业经营的领导力，在座的各位行政长官今后需要怎样的领导力？我想围绕这个问题谈谈我个人的看法。

领导人的第一条件：给组织施加影响力

京瓷这个企业是由我和7名创业伙伴共同创立的，当时包括我在内，一共有28名员工。我们借了位于京都郊区的宫木电机公司的仓库。创立时的资本金是300万日元，银行贷款1000万日元。从1959年创立以来，至今已有33个年头，公司自创业开始一直盈利，没有出现过一次亏损。第一年的利润和资本金相同，也是300万日元。此后一路顺利发展，现在的员工人数为日本国内13 000人，海外13 000人，加起来共 26 000 人，销售额总计 4500 亿日元。

京瓷从中小企业开始到今天，一直由我担当经营者。基于经营者的经验，我认为，在思考领导人的领导力时，经营者的个性一定会在企业经营中反映出来。

大概在 20 年前吧，有一位年轻的记者问我："稻盛先生，听说你是一位独断型的经营者，是吧？""独断型"是一个很不好的词，招人讨厌。但当时，我却认为独断经营很好。

也就是说，在政府机关、大企业里，社长或者领导人交替以后，原来的组织都不变。我认为，这是很不正常的。比起副社长来，社长的责任要重得多，待遇也高得多。处于这种地位的社长交替以后，如果组织的思维方式不做改变，那么这种交替有什么意义呢？

但记者们认为，组织应该一直保持不变，组织不可以改变。但是，我认为，这样的话，就不需要什么社长了。如果组织不需要变化，社长拿副社长一倍半的薪水、两倍的奖金也没有必要了。不需要有社长存在，只要有副社长就行了。因为社长的立场，就是承担全部责任，给企业、组织带来变革，把公司搞活，带领大家前进。正因为要发挥如此重大的作用，才给予社长相应的报酬和地位。所以什么变革都不做的话，根本就不需要社长。

我认为，有关领导人、领导力的理论，首先应该从这里开始。如果不能够对组织施加影响力，就没有当领导人的资格。领导人的第一个条件是，不管是好是坏，都必须能够给组织施加重大的影响。

这么说的话，如果某个品行不端的家伙当上了组织的领导人，因为他的个性一定会反映到组织中来，所以就会产生严重的问题。

另一方面,不能给组织施加任何影响力的领导人,是无能的、无用的领导人。

因为领导人会给整个组织带来影响,所以如果他的个性有缺陷或能力不足,就不仅仅是他个人的问题,而且会给组织带来重大损害。但是,不管怎么说,给组织施加影响力,是领导人的首要条件。

现在的经营状态是日常判断的积累

我在从事企业经营的过程中,算是运气不错,京瓷不断顺利成长。但是,经营不顺畅的企业很多。我们这样的民营企业,没有政府等公共机构的保护和照顾。所以,作为经营者,如果我的判断有误,经营状况马上就会恶化。这类例子不胜枚举。

对于这类事情,只要看一看最近的经济状况就会明白。前一个时期,因泡沫经济破裂,许多企业蒙受了损失。这也是经营者的各种判断失误积累的结果。

有的企业听说炒股票能赚钱就去炒股票,结果招致重大损失。有的企业因投资不动产而亏得一塌糊涂。报纸上披露的损失不过是冰山一角。不计其数的企业投资房地产,因泡沫经济破裂而蒙受损失。如果全部公开的话,整个金融系统都会崩溃,现在都捂着不公布。但就从已经表面化的情况来看,问题也足够严重了。

这个问题说明,对企业这个组织具备影响力的企业领导人,他们的判断给企业带来了多么严重的后果。

不仅是企业领导人,不管什么组织,不管多么小的部门,其领导人都会给他的组织带来影响。领导人怎么判断、决断以及这种判断、决断带来的结果,都会影响到这个组织整体的命运。

关于这个问题，我做了如下思考：我下决断，决定京瓷这个公司发展的方向。说到决断，听起来好像是很大的事情，但实际上，绝大多数都是身边那些小的事情。例如，请大家想一想我们的日常生活。部下有许多事情来请示我们，"这个不可以做""这个可以做"，我们要下决断。作为父亲，回到家里，孩子的事、夫人的事、邻居的事、亲戚的事，没问题时可以沉默，一旦有什么问题，就要思考行还是不行，就要下决断。包括这些无数的小决断以及关键时候的大决断在内，过去自己作为经营者所做的各种决断的积累，或者说各种决断的综合，就是现在公司的业绩、公司的成果。人生也一样，至今为止我们所做的全部决断的积分，造就了现在的人生结果。

本来就不做决断，不发挥领导作用，凡事强调讨论一致或自下而上，听任组织人员自行其是，自己只是搭搭便车的所谓领导人可以另当别论。

"判断基准"决定领导人的价值

如果具备领导人的勇气,对自己的组织施加影响力,那么可以说,这位领导人的判断造就了现在这个组织。对他个人的人生而言,他的判断造就了现在这个人。如果是这样的话,在我们判断的时候,判断的基准就非常重要。我想,这一点大家也能意识到吧。

在接受行革审"世界中的日本"部会的部会长职务时,我对行革审的铃木永二会长(三菱化学原社长)提出下述意见。

"在报章杂志上,人们批评日本外交没有脸面。这就是指日本外交的基本姿态不明确,或者说它所依据的坐标轴不明了,抑或说它的理念不鲜明。因此,我认为,要从构建日本的外交理念开始。"所以,在部会的第一次会议上,我向委员先生们提出"首先应该讨论日本外交需要遵循的理念"。如果理念这个词有问题的话，说外交的基本姿态、外交的坐标轴也行。正因为这个东西不鲜明，所以人们指责日本外交差劲。所以，对这一点我们必须鲜明地刻画。

我向27位意见领袖提出这一观点后，他们中有三分之一到一半的人表示反对。他们认为："讨论决定'理念'这类空洞的词句有什么用呢？制定理念，像念佛一样吟诵，日本的外交就会好转吗？"他们不赞成我的意见。然而，我坚决主张必须从构筑理念开始。

此后，作为审议会活动的环节之一，外务省的听证会搞了三四次，通产省和其他省厅也搞了。邮政省预定今年下半年进行。在听证会上，一开始我们会向各省厅提出："你们这个省，对有关外交工作也采取过许多措施，但是，在外交政策方面，你们有理念吗？"在各个省厅中，通产省消息最灵通。他们这么说："我们通产省的外交理念是自由、民主主义和市场经济。"但是,当我们追问"驱动领导人心灵的更基本、更原点的东西有吗"时,他们的回答是"我们省是把普遍性的原理作为理念的"。

"普遍性的原理具体有哪些呢?"我们这么问。"普遍性的原理就是以原理原则为宗旨。"他们这么回答。再问:"你们所说的原理原则是什么呢?"回答仍然是:"那就是原理原则。"再谈下去,就白费口舌了。

我认为,判断的时候使用的基准决定了领导人的价值。今天我就想讲一讲这个问题。我希望你们也考虑一下。当部下有什么事情同你商量时,你是依据什么基准进行思考,做出判断的呢?我认为,思考这个问题是很有趣味、很有意思的。

追问下去的话,就追到了人的本能

最初想到的,就是以利害得失作为判断的基准。

所谓利害得失，有个人层面上的利害关系，有科层面上的利害关系，有局层面上的利害关系，有省层面上的利害关系，再到国层面上的利害关系等。虽然所思考的利害关系者的格局越来越大，但是不管哪个层次，都是依据利害得失进行判断的。这是一种方法。

就我们一般的企业而言，也有这样的情况。最坏的例子是，比如把某个议案拿到某位要员面前，他会责问："这样的议案同我有什么关系？怎能拿到我这样的要员面前？你认为我是谁？"

各位的周围有时会有这样的上司，他们开口闭口我呀我的。也就是说，他们是以自己的利害得失作为基准的，是以自己的面子、自己的地位，对自己是否有利作为基准进行判断的。即使超越了个人的利害，也只不过是以科的利害作为判断的基准。

不管怎么说，追究这一判断基准的本源，结果就会追到人的本能。众所周知，人在出生的瞬间就具备本能。人脑的机能非常复杂，人们很迟才弄明白。据说，在脊髓顶端小脑附近的脑干网状结构中，有支配本能的细胞组织，其在人出生时已发育完成。正因为有它的存在，人一出生就会吸奶，感觉不舒服就会哭叫，就会按本能行动。

稍稍有点儿离题，我们有时会运用理性来判断事物。这里的所谓理性，就是使用大脑前头叶到侧头叶之间的脑细胞。这个组织从0岁到4岁发育完成。在这期间，脑细胞的生长迅猛，很快就完成脑的发育，因此人们一般都强调幼儿期的教育十分重要。

所谓本能，就是这么形成的。那么，人为什么具备本能呢？因为我们人具备肉体，为了维护这个肉体，神灵或者说宇宙赐予了我们本能。无论食欲、性欲，或者面对外敌激起的斗争心，所有这些都是本能所导致的。这是为了自我防卫，为了守护自己的肉体，在脑组织中植入了这样的基因。

从这样的观点来看，本能这个东西，从源头上讲就是主观的、利己的。这无关好坏善恶的问题。这个主观的、利己的本能，一开始就是由神灵塑造的。如果本能也是客观的东西，那么肉体就无法生存。为了吃东西要有食欲，这是生存的绝对条件。面对外敌，升起斗争心，保护自己，也是本能。这类本能是为了维护具备肉体的人类，神灵或者宇宙赐予人类的功能。

这类本能是人具备的功能。尽管是最原始的东西，但用本能判断的情况实际上非常之多，有自己个人层面上的、科层面上的、各省厅内的局层面上的，以至省、国层面上的。我们常讲的所谓"国益"，也是国家层面上的利害得失，是一种本能。

所以，在行革审这个部会里，我提出讨论问题要

领导力和判断基准

离开所谓的"国家利益",就是说要从"地球利益""人类利益"这样的视角对事物做出判断。在全球化迅速发展的今天,日本一国的国家利益,同整个世界、全人类的利益之间或许会产生矛盾。如果是这样,我们不是应该在更高的视角上思考问题吗?只顾一个国家的利益,解决不了国际纷争。因此,我们应该站在更高的层面上思考和判断。

话虽这么说,这种本能也是判断事物的一个基准。

说到把本能作为判断基准,曾有过这么一件事。华歌尔公司是京都一家生产妇女内衣的企业,它的经营很有特色。其社长名叫冢本幸一,这位先生比我大12岁,我们俩相处得像亲兄弟一样。以前,冢本先生对我说过这么一段话:

"华歌尔的事业发展得非常顺利。但是,凡是有朋友推荐，说某个事业很赚钱，快去投资吧，于是我就去投资了。结果这样的投资每次都失败，有时还得帮朋友"擦屁股"，支付借款。比起自己原有的事业，似乎新投资项目的前景要宽阔得多，可以大有作为。然而，失败来得又快又彻底。这究竟是为什么呢？"

我想大家也都知道，有的人创办风险企业获得成功，一时报纸杂志、电视等媒体大肆报道，热闹得很。然而，犹如昙花一现，这些人瞬间就消失了。还有，不久前因泡沫经济破裂而品尝失败之苦的经营者不计其数。

我虽然没有什么先见之明，但刚创业时因为没有什么钱，只是一个很小的企业，所以对于靠投机赚大钱之类的话，我是一概不听的，采取不关心主义态度。我经常对自己说，只有拼命流汗，努力工作挣来的钱才算赚钱。不劳而获靠不住，那是不对的，不该关注。我抱着这样的人生观一路走来。

理性判断及其局限

除本能之外，接下来还有什么判断基准呢？那就是前面讲到的从0岁到4岁发展起来的理性。用哲学的语言来讲就是"理性心"。这也是神灵所赐，目的是对事物进行推理、推论。因为理性用于推理、推论，所以同主观且利己的本能相比，它比较客观。

理性具备客观地判断事物的功能。这么做会产生这种结果，那么做会产生那种结果，建立各种逻辑，进行推理、推论，然后对事情做出判断，做出决定。在企业里通过合议制，即通过讨论商量达成一致的决策过程就是这样，由助手、参谋用理性进行研究讨论，然后达成共识，做出决定。

对于常规的、司空见惯的事情而言，这样的判断过程当然可以。但是，要对无人涉足的、没有先例的事情做判断，理性就有局限。

例如，京瓷创业之初，在日本我们是首创，新型精密陶瓷的工业化生产由我们成功实现了。但现在回头看，当时我们并没有什么了不起的技术。日本是一个传统陶瓷行业非常发达的国家。日本的传统陶瓷包括水泥、玻璃和一般所说的陶瓷器。我们在京都下町借了一家企业的小仓库，经改造办了京瓷这个小企业，开始挑战。因为我们要做人家做不了的事，所以并不容易。

当时我们的公司毫无名气，若要推销一般的普通产品，根本无人理睬。这类产品在名古屋有大企业生产，应有尽有。普通的陶瓷哪里都能买到，客人当然会从更有信誉的企业采购。

所以我们必须宣布，我们能做大企业做不了的产品。结果我们不得不做别人做不了的东西，这就是我们的研究开发部门的课题。天天做这样的事，没有先例，就是说，仅靠理性无法完成的研究开发课题，我们一做就是 32 年，这是不得已而为之。

另外，我开创的第二电电也是前无古人。虽然邮政省允许新人参与长途电话的竞争，但因为没有先例，对如何开展事业我们一无所知。虽然我们举手要求创立第二电电并获得认可，但究竟怎么做才能顺利开展事业，我们并不明白。于是我们召集部下，召集专家，收集数据，运用理性进行客观的推理、推论。但是，因为没有先例，所以也没有可供参考的事例和文献，很快就走进了"死胡同"。因为理性的作用归根到底是推理、推论，所以在创造新事物方面，理性有局限，力不从心。

我再稍稍离一点儿题。我与诺贝尔奖得主福井谦一先生、数学菲尔兹奖得主广中平佑先生这些所谓京都学派的教授们，组织了一个名为"京都会议"的聚会。参与的还有哲学教授、物理学教授，加上与霍金博士齐名的、被称为大爆炸理论第一人的佐藤文隆先生,一共10位有名的教授每两个月聚会一次,讨论哲学。在与这些教授的交流中,我明白了一点。

无论做出了什么了不起的创造发明的人,他们的发明创造都不是来自于细致周密的推理、推论。超越推理、推论,隔绝推理、推论才有真正的发明创造。另外,某个晚上我与现已亡故多时的京都大学希腊哲学大师田中美知太郎先生,进行了很有意义的交流。田中先生很喜欢喝酒,在交杯之际,我请教说:"在先生这种哲学大师面前,我虽然对哲学一窍不通,但因为是企业经营者吧,我一直在强调经营哲学多么重要。我是技术员出身,一直从事技术开发。在这里我想问的是,您认为哲学、科学技术和宗教三者之间是一种什么样的关系?"先生答道:"哲学、科学技术和宗教三者的研究方法虽然不同,但是其追求的目标应该是一致的吧!"

后来我知道,爱因斯坦也表达过同样的观点。美国华盛顿的卡耐基协会是全世界第一个拥有地球、物理、天文、生物技术研究设施的机构。去年我有幸成为这个协会最早的外国理事。在前一星期,为了参加理事会会议,我去了华盛顿。

理事会会议结束以后,晚餐会会场大厅展出了爱因斯坦的名言和照片。有关科技、宗教和哲学的关系,爱因斯坦没有用哲学这个词,而用了艺术二字。他说:"一切宗教、艺术、科学都是同一棵树木上长出的分枝。"

在和田中先生探讨时,我反复请教他。我说:"我常常使用经营哲学这一词语。哲学、科学和独创性之间的关系究竟是什么关系?"田中先生仅仅答了一句:"发明发现属于哲学的领域,只有被证明以后,才变为科学。"田中先生就说了这么一句,接着便微笑着只顾饮酒。那晚我也喝醉了,但回家后却怎么也睡不着,我拼命思考田中先生这句话的意思。

换句话说，独创性的发明发现不是依据理性的逻辑组合，而属于"我思，故我在"这一哲学的领域。例如，伽利略在"天动说"占统治地位的时代提出"地动说"。他认为，不是太阳围绕地球转动，而是地球围绕太阳转动。这种假设虽然不能用理论证明，但便于说明所有的现象。他提出的这一主张因为当时不能用理论加以证明，因而受到了猛烈的攻击。然而，后来却证明伽利略的观点是正确的。

也就是说，所有天才的发明发现，都来自灵感的闪现、上天的启示或者说梦中神佛的告知，而不是来自于逻辑推理和理论组合。很多伟大人物都说过这样的话。

说了许多离题的话，我想说的是：所谓理性，是逻辑组合的作业，它的作用有局限。如果请专家运用理性来研究第二电电这种没有先例的项目，他们会说："这么做会有这么个结果，但这个地方弄不懂。"

领导力和判断基准

问题提出来了,但在没有先例可以参照的地方,具体该怎么做才好,他们就不知道。最后他们只能这么说:"这是一个非常困难的项目,这一点可以断言。至于应该采取什么行动,那就请你这位领导人决定吧。"

如果是用理性、逻辑全部能解决的事情,也就是有先例或惯例可参考的项目,那么只要按事情的性质分类,哪种做法成功概率高就采用它,这样来做出决定。过去各省厅大概就是按这个思路做决策的吧。但是,哪怕彻底追求逻辑性,也只是懂得了这个方法有用。这与真正的决断、决策无关。可以推理、推论,可以在逻辑上将各种观点加以整合,但在缺乏先例、状况不明时,无论怎样推导,也无法做出决断,这就是理性。

虽然理性有这种局限,但人们还是想用理性来判断、解决问题。例如,刚才提到的第二电电这个事业用理性探讨了，但究竟该怎么做却不知道。所以，大家的结论仅仅是风险很大、非常困难。再问大家："那该怎么办呢？"答案是："不知道，这该由你这个领导人来决定。"观察大家的表情，每人脸上似乎都写着"放弃"二字。那么就放弃吧，大家又不甘心；那么就干吧，大家又怕失败。于是，举棋不定、犹豫不决。

这个时候就由我来下判断，由我最后决定是继续推进还是到此为止。这时候，用什么作为判断的基准呢？正如前面谈到的，用本能作为判断基准，本能就是自我防卫或者自己的利害得失，抑或是超越个人的、科的利害得失，局的、省的、国家的利害得失等。但这类本能的判断不能让事情顺利进展，我明白这一点，所以不依本能做决断。接着就是理性，但在没有先例的情况下，靠理性无法判断。那么，理性的前面应该有新的基准。然而，即使是我们这些受过大学教育的,人也不知道这个基准是什么。

在超越理性的灵魂层面上进行判断

其实,在超越理性的灵魂层面上进行判断的基准是存在的。

我这么说,大家可能会笑。但是,我想各位过去应该有过体验,就是感觉到良心的存在。在孩童时代,我们做了坏事,心里就会懊悔不安,就会暗暗发誓:"这样的坏事我再也不干了,如果爸妈知道了,他们会难过。"这样折磨自己,让自己懊悔的,就是良心。这个良心,只有在我们意识清醒的时候才会偶尔出现。

在长大成人以后,我们会变得世故,良心被本能及理性打压,出不来。孩童时代比较单纯,良心会时时冒出来。然而我认为,这个良心就是我们人的本质、本源,就是我们的灵魂。

但是,对于人的思维,我们只理解到理性这个层面。有关灵魂这个层面,我们几乎什么都不懂。谈到探究灵魂的方法,我们会注意到宗教里有一种方法,就是冥想。禅宗的僧人通过坐禅来冥想。另外,印度哲学里通过瑜伽来冥想。

要做简单说明的话,坐禅的目的在于探究真正的自己,也就是"真我""大我"。瑜伽修行的目的也是一样。

具体怎么做呢?禅宗的方法就是通过思考一宗公案达到精神统一。瑜伽的方法就是通过吟唱所谓"mantra"(真言)达到精神统一。当静下心来,闭目开始冥想时,首先出来的是充满本能的生气、恼怒等感情。禅宗把这样的感情称为杂念、妄念。这时通过思考公案,让精神向别的地方集中,于是杂念渐渐消失。

接着进入理性的阶段,会有各种各样的念头冒出来。在瑜伽里,为了消除杂念、妄念,就通过念诵"真言"抑制杂念,求得精神统一。这个过程不断持续,终于精神归于静寂状态,也就是无思无念的状态。

这种状态一直持续下去,就会达至真我。到达真我状态,佛教称之为"三昧境地",又称之为开悟的境界。因为达到这种境界,必须逼近自己内心的最深处,所以不是轻易就能做到的。

但是,在到达开悟境界的瞬间,我们会被妙不可言、无可名状的幸福感所包围,进入无比幸福的心理状态。真我就是自身与宇宙、森罗万象化成了一体,出现了所谓"至福"的恍惚状态。这样描述的不仅是佛教,印度瑜伽也一样。

能够达至自身与宇宙化为一体的至福境地，是因为真我充满着爱、真诚与和谐。虽然我们是带着与本能密不可分的肉体降临人世的，但是密藏在我们内面的本质，就是真我，也就是灵魂，却充满着爱、真诚与和谐。

一般情况下，为了守护自己的肉体，我们使用本能或理性进行判断。本能和理性由相应的脑细胞管辖。但是，我认为，不用本能或理性判断，用自己的真我，就是深入到美好的灵魂层面对事物进行判断，才是最正确的。

有的人或许对这种带有宗教色彩的说法不感兴趣。但不相信宗教的人，也应该知道真善美这个词吧。真、善、美这三个字就是表述灵魂的。灵魂就是真，就是善，就是美。永恒地追求真善美就是灵魂深处的呼声。

每个人的灵魂都由真、善、美构成。真就是追求真理之心,善就是一颗善心。善是一个非常难以理解的概念,中国用"仁"和"礼"来表达。说得更简单些,就是以他人之乐为乐,以他人之苦为苦,也就是同情。或者如前面所说,其与利己性质的本能心相反,是有利于他人的利他精神。同时,追求美好的事物也是人的本心。

用真、善、美或者充满了爱、真诚与和谐的灵魂作为基础来思考的话,那么基督教所说的"爱"也同善一样是同情心,或者也可以用为他人尽力的利他之心来说明。基督教强调爱的重要性,佛教用慈悲之心和布施这样的词汇来说明如何实践同情心。以上各种说法的根都一样,不过是使用的语言不同而已。

这种宗教的研究方法不是神秘怪异的东西,它就是追求我们人的本质的行为。人的本质是潜藏在人心最深处的本源性的东西。希腊哲学大师田中美知太郎说:"宗教、哲学、科学三者采用的研究的方法论虽然不同,但三者追求的目的是一致的。"他说的也是这个意思。

遵循这种宗教的思维方式,用灵魂的本源作为基准进行判断,我认为是正确的。

人的本质是什么?与外国干部三天的讨论

京瓷公司在美国的法人去年(1990年)1月并购了AVX公司,前年并购了埃尔科公司。本来只有7000~8000名的海外员工一下子就扩大到13 000人。新的子公司包括社长在内,干部都是外国人。为了同大家共有哲学,我把干部们召集起来,举办了3天的研修会。

对国内的员工,我不断讲述京瓷哲学,把它作为京瓷员工应该具备的思维方式。我把我的讲话汇集成几本小册子，事先交给了AVX公司的干部。AVX公司的干部中有人是毕业于麻省理工学院的博士生，还有普林斯顿大学等所谓常春藤联盟的大学毕业生。他们主要都是技术出身。京瓷当地总公司的副社长当过18年俄勒冈大学经营系的教授，此人热心于教育。他把我的哲学手册翻译成英语，事先发给AVX公司的干部，并附加调查表，征求大家的意见。

研修会的前一天晚上，我到达加利福尼亚看填写的调查表，其中充满了抵触性意见。例如，"如果要把这种哲学强加给我们，我们无法容忍。"基本上都是这种论调，其中特别的还有，"你的哲学中写着不能只为赚钱而工作，但是我们就是为了赚钱才来工作的。说只为赚钱工作不行，这话毫无道理，简直荒谬。"

因为意见对立，所以讨论进行了3天。我们请了两位美国最优秀的同声翻译，就刚才所讲的话题，与

50名干部展开了讨论。讨论内容不限于所谓日本式经营如何，不限于经营上的问题，而且谈到了历史、宗教和哲学等话题。另外，因为都是搞技术的，所以我们还谈了有关精密陶瓷的专业性的科学技术方面的话题。

最后，我们讲到了我刚才给大家讲的有关人的本质的问题，即我们为什么工作，为什么要经营企业等哲学性话题。在连续3天的讨论中，我谈到了人的本质是什么这样的话题，那就是真、善、美这种灵魂的本源。灵魂本身就充满着爱、真诚与和谐。这个公司有很多优秀的员工，同时，他们又有强烈的以自我为中心的利己主义倾向。然而，就是这些人，经过3天的讨论，全都接受了我的观点。

当时，只为赚钱而工作不对这个观点又怎样呢？结局很有意思。对话是这么展开的：

"我们就是为了赚钱才来工作的,这为什么不对?"

"你为赚钱而工作,说起来也没什么不对。我们人既然拥有肉体,就会有本能,有利己的欲望。因为人缺乏这种欲望就无法生存,所以欲望是必要的。然而,我说的是,只凭赤裸裸的利己欲望做事,那是行不通的。为了赚钱而工作,并不是坏事,所以我才给大家支付高额的薪金。这就是说,我并没有否定你们的这种动机。不过,仅仅追求金钱,人活着就没有价值。有一句名言说:'男子汉不强悍就难以生存,男子汉无爱心就没有生存的资格'。一味追逐金钱,人生有什么意义呢?"讲了这些话,我才谈到真、善、美。

"一味追求金钱不对,应该还有更美好的东西值得追求,我们的哲学里写着这一条。诸位,难道你们不也是这么想的吗?在这附近,有人下班回家以后,就积极地充当义工,努力为社区做贡献。难道你们不认为他们的行为很高尚吗？公司的工作繁忙之余，一对夫妇周六、周日花费两整天为了教会的事情东奔西走。你们不觉得他们很了不起吗？不取任何报酬，不求任何补偿，全心全意为大家服务，具备这种美好心灵的人，你们也会肃然起敬吧。我说的就是这层意思。工作要获取金钱并没有什么不对，但只为赚钱而工作，就未免太卑微了吧。"

我讲了这些话之后，在最后那天，那位最执着、最计较金钱的干部一反常态，第一个发言说："我们决定接受你的哲学。"这就说明，从灵魂层面上判断事物这一思维方式，在外国人中也能适用。

我们凡人，怎么做才能够在灵魂层面上判断事物呢

我想说的是：我们要把坐标轴放在人的本质，也

就是灵魂这个层面上，对事物做出判断。但是，没有经过相当修行的人做不到这一点。我们经营者或者政治家因为判断困惑而烦恼，往往会去拜访那些高僧大德。因为修行很深的高僧，他们能够追溯到灵魂层面对事物做出判断。

那么，我们凡人怎样才能在灵魂层面上判断事物呢？这乍看起来很难，其实很简单。

我们在遭遇问题的时候，首先是本能的反应。比如，有人来谈生意，首先考虑"这生意能赚钱吧"，就是这种本能的反应。这时，"稍等一下"，自己制止自己，暂时将本能搁在一边，然后使用理性进行判断。如果理性无法判断的话，就要用利他的精神进行思考，就是在充满了爱、真诚与和谐的灵魂层面上进行判断。具体来说，就是把自己置之度外，考虑科的事情；把科置之度外，考虑局的事情；把局置之度外，考虑省的事情；把省置之度外，考虑国的事情。

总之，在考虑问题时把自己置之度外。

因为我们没有经过修行，所以需要按照这样的顺序改变我们思考的流程。如果单纯按照我们原有的思路去走，会产生什么结论，我们心知肚明。也就是说，按照本能到理性的思路，我们知道会得出什么结论。所以要把这个结论纳入另外一个思路，就是灵魂层面，再看判断的结果是什么。我认为，只要用这种方法判断就行了。我也不是圣人君子，所以在判断的时候，我总是要自问自答："等一等，这样做真的是善的吗？"我总是在做了这样的思考以后做出判断。

"动机至善，私心了无"

在第二电电刚开始时，还没有向邮政省提出资格认可的申请之前，我就不断思考这件事究竟该干还是不该干。开始时，我和几位年轻的技术人员从技术的

领导力和判断基准

角度进行探讨,如果要搞第二电电,应该按照什么顺序来做。我觉得此事有点眉目、值得一搏,接下来就要下决断究竟干不干。

设立第二电电大约需要投入1000亿日元这么一大笔资金。同时向NTT这个巨型企业挑战,风险巨大,弄不好这1000亿日元就打水漂了。这么一想,就有压力,1个多月我每晚都陷入沉思。

直到今天,我依然记忆犹新。当时,我不断扪心自问:"你的动机是善的吗?你没有私心吗?""你创建第二电电的动机真的善良吗?是不是京瓷公司取得了一点儿成功,你就得意忘形了。你是想要沽名钓誉,博取众人的喝彩吧?你真的没有一点儿私心吗?"就这样,我严肃地追问自己,1个多月,心中另一个自己同现实的自己对决,严格地自问自答。

反复确认自己的动机是纯粹的,自己没有私心之后，我在京瓷的董事会上提出了准备参与通信事业的打算，但是遭到了所有董事的反对。大家认为，在精密陶瓷行业我们的确获得了成功，但通信事业的情况迥然不同。当时，我是这么说的：

"京瓷公司的成功是出于偶然，还是因为有了正确的经营哲学呢？世人都认为，我是搞陶瓷技术出身的，偶尔赶上了潮流，才让京瓷获得了成功。然而，这种说法是不对的。事情的成败取决于领导人所持有的哲学思想。只要领导人的哲学思想正确，无论碰到什么困难，都能克服。这个结论，我想再次尝试、再次证明。对于通信事业，我完全是外行。但哪怕是外行，只要具备正确的哲学，事业就能顺利进展。这个结论对不对，首先我要试一试。

"同时，考虑京瓷的百年大计，参与通信事业非常重要。京瓷创建32年以来，已经积累了1500亿日元的现金。现在拿出其中1000个亿让我来挑战，即使损失了这1000个亿,也一点儿不会动摇京瓷的根基。"

我这么解释以后,大家就说:"既然这样,那你就干吧。"

最近,第二电电给股东分了红,并不是自以为大功告成,可以分红了。当初请许多企业出资承担了巨大的风险,弄得不好,或许连投入的本金都不能收回。后来有了利润,但公司至今一直没有分红。为此,在第二电电的事业顺利走上轨道的今天,从这一期开始,要给股东们分配相当于银行存款利息的分红,我想这也并不过分。

同时,在每次会议上,我都会对第二电电的干部们说:"鉴于日本通信费用太高这一现状,考虑到要减轻日本国民的负担,我们才参与这项事业,并获得了政府的批准。因此,用便宜的价格提供优质的通信服务是我们创业的宗旨。彻底追求这一宗旨就是我们公司的目的，所以决不允许因为成功而骄傲、漂浮起来。"

因为我老讲这些话，最近有点遭人讨厌。但是，决不能忘记初心，如果在事业中夹进权钱交易，必生腐败。因此，不可忘记创业当初的那种高洁的精神，无论何事，在决断时都要自问："动机善否？私心有无？"我认为，必须毫不含糊地、持续地坚守这一信念。

我认为，在决定现在的外交政策时，可以说原则也是一样的。常有人说日本的国家利益很重要。但是，所谓国家利益其实就是主权国家的利己，利己与利己碰撞，必生冲突和纷争。因此，应从国家利益后退一步，尽力思考世界利益或者地球利益。在这个基础上，思考日本国民、日本这个国家应该怎么做才对，应该按照这个思路来下决断。

另外,各位邮政省的行政官员也一样。从邮政储蓄到通信方面的行政工作涉及广泛的政策,所以不能执着于科的利益、省的利益。只应着眼于一点,就是为了国民的利益应该怎么办,应该把判断的坐标轴放在这里。

领导人应该具备优秀的品格和哲学

最后,我们谈一谈"君子"和"小人"这两个称呼。君子和小人的差别在哪里? 我认为,两者才智相同、能力相同,区别仅仅在于志向不同、灵魂不同而已。

通常,我们只依据才智和能力对人做出评价。但是,按照这种观点获得相同评价的人,他们的器量大小其实真有君子和小人那样的差异。我认为,这种差异仅由一点决定,就是心灵的状态。

日本采用资本主义，走上近代国家的道路。那是明治维新初期，当时游历了欧美诸国的福泽谕吉用下面一番话，表述了有关实业家、企业家应该具备的条件。他说："思想深远如哲学家，心术高尚正直如元禄武士，加上小俗吏的才干，再加上土百姓的身体，方能成为实业界的大人物。"

我认为，福泽谕吉具备非常敏锐的洞察力。优秀的实业家应该"思想深远如哲学家"，也就是说，必须具备像哲学家一样深远的思想。接着，"心术高尚正直如元禄武士"，我想这是把"忠臣藏"刻在了心中，那就是仁义厚重，看重做人的道德、信义和诚实。

"加上小俗吏的才干"，小俗吏是指明治政府里许多行贿受贿的基层小官吏。他们善于行贿受贿，说明他们狡黠，就是头脑好使。如果头脑好使转变为优秀的商业才干的话，还是需要的。"再加上土百姓的身体"，就是身体强健，能够拼命工作。

我们往往把才能作为最重要的评价基准，但这不对。福泽谕吉说，最重要的是这个人具备的品性和思想。

我认为，组织的领导人最重要的是要具备优秀的品格和哲学，这决定了领导人的价值。确实，强有力的领导人在强制性拉动之下，可以取得优秀的业绩。但这种业绩只是一时的，即使成功也难以持续。一时获得巨大成功的企业瞬间又走向没落，这样的例子不胜枚举。这样的领导人不是真正卓越的领导人。

有的人发挥了领导力，但发挥的方向却错了，这样的事例也很多。正因为如此，这种有才能的领导人如果掌握了优秀的哲学，能够在灵魂层面上判断事物，就能发挥出强有力的杰出领导力，获取巨大的成功，而且这种成功能够持续下去。我祈愿你们发挥出卓越的领导力，建设一个美好的日本。我的讲演到此结束，谢谢。

要 点

社长或者领导人交替以后，原来的组织就要改变。比起副社长来，社长的责任要重得多，待遇也高得多。处于这种地位的社长交替以后，如果组织的思维方式不做改变，那么这种交替就没有意义。

○

因为社长的立场，就是承担全部责任，给企业、组织带来变革，把公司搞活，带领大家前进。正因为要发挥如此重大的作用，才给予社长相应的报酬和地位。所以什么变革都不做的话，根本就不需要社长。

○

如果不能够对组织施加影响力，就没有当领导人的资格。领导人的第一个条件是,不管是好是坏,都必须能够给组织施加重大的影响。

○

不仅是企业领导人,不管什么组织,不管多么小的部门,其领导人都会给他的组织带来影响。领导人怎么判断、决断以及这种判断、决断带来的结果,都会影响到这个组织整体的命运。

○

包括无数的小决断以及关键时候的大决断在内,过去自己作为经营者所做的各种决断的积累,或者说各种决断的综合,就是现在公司的业绩、公司的成果。人生也一样,至今为止我们所做的全部决断的积分,造就了现在的人生结果。

○

如果具备领导人的勇气,对自己的组织施加影力，那么可以说，这位领导人的判断造就了现在这个组织。对他个人的人生而言，他的判断造就了现在这个人。如果是这样的话，在我们判断的时候，判断的基准就非常重要。

○

人为什么具备本能呢？因为我们人具备肉体，为了维护这个肉体，神灵或者说宇宙赐予了我们本能。无论食欲、性欲，或者面对外敌激起的斗争心，所有这些都是本能所导致的。这是为了自我防卫，为了守护自己的肉体，在脑组织中植入了这样的基因。

○

无论做出了什么了不起的创造发明的人，他们的发明创造都不是来自于细致周密的推理、推论。超越推理、推论，隔绝推理、推论才有真正的发明创造。

○

所谓理性,是逻辑组合的作业,它的作用有局限。如果请专家运用理性来研究没有先例的项目,他们会说:"这么做会有这么个结果,但这个地方弄不懂。"问题提出来了,但在没有先例可以参照的地方,这个弄不懂的地方该怎么做才好,他们就不知道。应该采取什么行动,最后必须由领导人决定。

○

有先例或惯例可参考的项目,用理性进行逻辑推理就能得出结论。但是彻底追求逻辑性,也只是懂得了可以用这个方法去处理。在缺乏先例、状况不明时,无论怎样推导,也推不出决策所需的结论。

○

密藏在我们内面的本质,就是真我,也就是灵魂,充满着爱、真诚与和谐。一般情况下,为了守护自己的肉体，我们使用本能或理性进行判断。本能和理性由相应的脑细胞管辖。但是，我认为，不用本能或理性判断，用自己的真我，就是深入到美好的灵魂层面对事物进行判断，才是最正确的。

○

每个人的灵魂都由真、善、美构成。真就是追求真理之心，善就是一颗善心。以他人之乐为乐，以他人之苦为苦，也就是同情，是有利于他人的利他精神。追求美好的事物也是人的本心。

○

怎样才能在灵魂层面上判断事物呢？比如，"这生意能赚钱吧"，首先我们就会是这种本能的反应。这时，"稍等一下"，自己制止自己，暂时将本能搁在一边，然后使用理性进行判断。如果理性无法判断的话，就要用利他的精神展开思路，就是在充满了爱、真诚与和谐的灵魂层面上进行判断。具体来说，就是不考虑自己，而考虑科的、局的、省的、国的事情。也就是说，把自己置之度外。

○

决不能忘记初心，如果在事业中夹进权钱交易，必生腐败。因此，不可忘记创业当初的那种高洁的精神，无论何事，在决断时都要自问："动机善否？私心有无？"我认为，必须毫不含糊地、持续地坚守这一信念。

○

有"君子"和"小人"这样的称呼，君子和小人的差别在哪里？通常，我们只依据才智和能力对人做出评价。但是，按照这种观点获得相同评价的人，他们的器量大小真有君子和小人那样的差异。我认为，这种差异仅由一点决定，就是心灵状态的不同。即使才智和能力相同，但君子和小人的志向和灵魂是不同的。

○

组织的领导人最重要的是具备优秀的品格和哲学，这决定了领导人的价值。确实，强有力的领导人在强制性拉动之下，可以取得优秀的业绩。但这种业绩只是一时的，即使成功也难以持续。有才能的领导人如果掌握了优秀的哲学，能够在灵魂层面上判断事物，就能发挥出强有力的杰出的领导力，获取巨大的成功，而且这种成功能够持续下去。

企业的自我革新

在第十六届研究开发管理科学讲座上的讲演
——1991 年 6 月 5 日

  这次讲演是在第十六届研究开发管理科学讲座上的讲演，该讲座由社团法人——科学技术和经济协会主办。科学技术和经济协会不仅汇集了科学技术工作者，而且有人文、社会科学的专家参与，目的是围绕发展科学技术，探讨各种具体问题的解决方案并实施。

  讲演内容：泡沫经济破裂后，在日本经济中企业的研究开发该怎么做。同时，讲演还涉及企业本身如何从根本上转变观念的问题。

发明发现属于哲学的领域

谈到自我革新这个话题,我就想起了京都大学的田中美知太郎先生,他是一位希腊哲学的大家。大约在10年以前,京都大学的几位先生和我们经济界的同仁,每月一次,夜晚聚在一起,边喝酒边议论,这种小型聚会持续了很久。田中美知太郎先生对这种聚会非常热情,当时有这么一件事情令我印象深刻。

我一向认为,企业经营需要哲学,企业领导人持有的哲学观点比什么都重要。有一次我提了一个问题:"哲学和科学看起来似乎没有什么关系,这二者之间究竟是一种什么关系呢?"田中先生说道:"发明发现属于哲学的领域,发明发现一件事物以后,当它在逻辑上被证明的时候,就成了科学。"

也就是说,按照田中先生的观点,发明发现这一谁都没有涉足过的领域属于哲学的领域,它是智慧的闪光。有人用另外一种说法，把它称为神灵的启示。换句话说，发明发现这个领域，是无论怎么驱使已成为常识的科学，都无法到达的领域。无论多么高级、多么尖端的科学，都超越不了常识，而发明发现却是超越这种常识的东西。

在工作中向新事物发起挑战的时候，人们通常的做法是收集已有的数据和文献。仅仅这样做，那些超越常识的东西，从常识飞跃的发想，是绝对不可能发生的。自我革新也是一样。企业要实现变革，就要从根本上改变观念，绝不能在过去的延长线上活动，必须与过去断绝联系。

"概念先行"的发想

人们常说，"能够发明创造，能够实现根本性的观念转变，需要某种体制，日本缺乏这种体制"。先前的海湾危机，政府反应迟缓，因为日本这个国家的处事方式是自下而上、协商一致，强调各方面以和为贵的。我们的企业在开发商品时也是这样的，不是首先从更新概念出发。我们在商品开发中也是自下而上的，将现有的技术要素集中起来，从中寻找新的可能性。

然而，在欧美先进的人群中有这样的做法：先不管这个商品能不能做出来，"想要试做这样一个概念的新产品"，首先明确概念，然后思考为了把这个概念变为现实需要哪些关键技术。这是一种自上而下的方式。这里说的自上而下，不是社长或部长在上面发号施令的那种自上而下，而是首先明确概念，然后按照这种概念展开工作。

但是，这种发想在日本却非常少。在开会时，如果有人提出新的发想，立即就会受到围攻。"我想做这样一个东西"，当有人提出新的发想时，就有其他人指责这个发想是多么荒唐无稽。他们会说,"从我们公司现有的技术,以及现有的技术队伍的体制来看,这种发想毫无实际意义,这样的东西根本不可能做成","这个问题在学术上还没有解决"等。总之,他们会从各种角度提出反对的理由。结果创意被否决,遭扼杀。日本的风气、土壤中缺乏对概念性创意的鼓励和支持。

采用自下而上的方式、以和为贵的精神,来自日本是农耕民族这一特点,它是由于历史环境条件形成的一种思维模式。但是,即使在这种情形下,仍然会产生超越常识的发想。特别是在年轻人中,这种创意很多。但是,日本社会缺乏容纳所谓"异端学说"的风气。当年轻人提出新的发想时,人们就会批评那是荒唐无稽、毫无价值、异想天开的,从而一笑了之。"你的想法很有意思,虽然现有的技术也许无法实现你的构想,但是这个创意很了不起,不妨作为一个课题认真考虑",这样一种包容新创意的土壤,在日本是没有的。说得极端一点,就是在日本会扼杀创意。在从前的日本村落社会里,违反既定秩序的人会受到集体制裁。对不尊重长老意见,倡导异端的人,村民会孤立他们,驱逐他们。这种风气在现在的企业里仍有遗留。

在有首先概念先行这种发想的国家里,人们认为,因为有历史和传统,所以能把事业做好,那是理所当然的。但是在没有历史,没有传统的领域内,如何做出伟大的事业,如何在短时期内获得成功,这才是值得关心注目的,这才是应该褒奖的对象。就是说,它们与日本社会对向新事物挑战的评价方法不同。

这是一个非常重要的问题。无论是技术人员追求新的革命性技术,还是企业为了引领潮流而进行自我革新,如果不能营造一个容忍异端的企业氛围,那么不管怎么强调"要自我革新,要转变观念",都无法将事情向前推进。

无法自我革新的日本社会风气

前些时候,盛传泡沫经济破裂。但当时,听说炒股能赚钱,炒地能赚钱后,日本的企业几乎全都争先恐后、盲目投机。因为自己缺乏明确而坚定的价值观,所以就随波逐流,这是日本固有的社会风气。我认为,在这种风气中,是否具备不为潮流裹挟的坚定价值观,是能否自我革新的关键所在。

例如,京瓷从事的精密陶瓷工作绝不是一项华丽的事业。所谓精密陶瓷,就是把陶瓷粉末烧制成产品。从这个意义上讲,这是典型的三K(肮脏、繁重、危险)工作。不管如何自动化,车间里总是脏的。另外,烧制品的质量难以控制,制作不易。所以在过去，大企业都认为精密陶瓷缺少魅力，不愿染指。但是，看到我们依靠精密陶瓷发展起来时，加上多元化潮流兴起，阿猫阿狗，甚至大企业都想参与到精密陶瓷这一事业中来。

经济一旦景气，多元化的调子就会响起，企业都是这样的。用一根柱子，不如用多根柱子支撑稳定。搞多元化对于企业经营者而言，是绝对需要的。但是，搞多元化就会同原有的专业公司竞争。树三根柱子的话，智慧和干劲就都要一分为三，而专业公司是一根柱子。竞争了几年以后，企业就会感觉多元化很难，力不从心，就会反省，觉得"饼还得由饼厂来做"，自己应该集中力量，在自己的专业方面深耕细作。

估计从现在开始，3年以后，向往多元化的论调又会高涨起来。过去对多元化的调查结果是"没有什么吸引力"，但多元化的潮流一来，企业就会再次兴奋:"我们不能落后于同行,那个企业,这个企业,都参与了这个领域,我们公司无论如何也得干啊!"于是,各种企业都来参与。

这种盲目跟风的潮流,显示出一种风气,在这种风气中,发明创造、自我革新是不可能的。这种风气不仅体现在技术工作者、企业经营者身上,而且渗透到日本社会的各个角落。在这种风气中,为了在21世纪生存下去,我们应该怎么做,就成为一个重要的问题。

研究者的唯一依靠是内心的指针

在我设立公司,深入研究精密陶瓷的时候,正好是真空管的全盛时代。当时,用在真空管内部的绝缘材料,特别是高频波段的绝缘材料成为一个关键问题,尤其是与微波相关的发射管和真空管等更是一个难题。我们烧制这种绝缘材料并拿去销售，结果与以前使用的材料相比，我们的材料性能优良，获得市场格外的青睐。就在那时，有一位公司社长（在京瓷看来是一位业界长辈）说要同我会面。京瓷创建才3年。"有什么事吗？"我觉得奇怪，于是前去见他。

这位先生虽然是大公司的社长，却十分谦虚。他对我说："你很优秀，你的公司虽然不大，但做的事情很了不起，我很钦佩。希望你们做我们公司的外包工厂，不知你是否愿意？"我回答说："你们是大公司，非常出色，研究开发也很顺畅。但能否持续当你们的外包工厂是没有保证的，因为你们有问题时需要利用我们，一旦进展顺利，就不要我们了。这一点现在就能看出来，所以我们不愿做你们的外包工厂。"

"你说的也许不错，"讲完这句话之后，他又说："不过我还想请教你一个问题。说起来有点失礼，听说你只是一个乡间大学的毕业生。在我们的公司里，出身一流大学工学系的陶瓷专家很多，其中有好几位花了大量的研究费用，却总是做不出同你们一样的产品。原因是什么？这个问题你是怎么思考的呢？"大企业的社长居然向中小企业的我请教。

可能是当时年少气盛的缘故吧，我说了如下大话，也许与我的身份不符。

我说："我的情况是，我必须在漆黑的大海中划一只没有指南针的小船，周围的流水像墨水一样。因为漆黑一团，伸手不见五指，连自己的小船在哪里都不知道。这时，唯一可以依靠的就是内心的指南针。我现在正在做这样一件事，如果不在自己的内心设置坐标轴的话，就无法前进。没有文献可供参考，没有同行企业的先例可以模仿，踏进无人涉足过的、未曾开拓的、崭新的领域，最重要的是研究者持有的坐标轴。"

换句话说,革命也好,革新也罢,都是外行干的。一开始,我就讲到发明发现的领域属于哲学的领域。如果是专业领域的专家,一定会受到那个专业领域的束缚,所以要从那儿飞跃,要与之断绝联系是不可能的。正因为是外行才可能飞跃,没有过去的羁绊,没有自己专业领域的羁绊,所以可以"概念先行",就是说,可以一下子说出看似根本不可能做成的事。

漫画家所描绘的21世纪的科学世界充满独创性。但因为专家明白那是荒诞不经的、荒唐无稽的,所以他们自己首先拒绝做这样的发想。因此,勇于革新革命的人都是外行。

在东海道的53条道路上抬轿子的轿夫们,他们不会去当火车司机,在新桥和品川之间行驶。在他们的观念里,在东海道上抬轿载人是自己的本分,所以他们不愿当火车司机。轿夫就是轿夫,那些被火车夺去生意，转而成为火车司机的，是那种对火车饶有兴味，具备挑战精神的人。我认为，这就是历史。

回到前面的话题，为什么面对大企业的社长我会说出这一番很牛气的话，我自己也不明白，大概我想劝他也具备这种思维方式吧。

缺乏高尚的人格，就抓不住事物的核心

我希望在公司内部营造一种风气，能够容纳被认为是异端的发想。有人把搞技术的人描绘成性格孤僻、脾气执拗的人，这是不对的。一头扎进实验室，从早到晚不出来，进入痴狂的状态，不管衣着、不修边幅，那也是不得已的、无可厚非的。但是，懒懒散散、邋里邋遢，领带也不系紧，脏兮兮的，这副状态并不能说明他是真正的技术专家。

对于倡导异端的人也要分析区分。有一种异端，行为堂堂正正，思想乐观开朗，出于为公司、为集团做贡献的愿望，思维积极、自由奔放、不拘一格；另一种所谓异端，是为了异端而异端，这种人不过是行为乖僻而已。

在实验中会产生大量数据，要在大量数据中找出支配现象的核心数据需要鉴别的能力。有的人做实验积累了庞大的数据，但不会处理这些数据。在混沌中能够抽出主宰现象的要素的能力，还有在混沌中能够看出事物规律性的能力，与独创性的发想是联系在一起的。所以，采集实验数据，从中抓住核心，需要技术人员具备特殊的才能。但是，同时他的人格也必须是相当高尚的。性格扭曲的人，他眼里的数据、信息也是扭曲的，他很难触及事物的核心。真正优秀的技术人员必须具备优秀的人格和丰富的人性。

比如，在诺贝尔奖得主中，有仅靠特殊才能，仅靠特别敏锐的感觉，就完成发明创造的人。但是，一旦与诺贝尔奖得主见面就会知道,他们中的大多数人,除了在专业的科学领域内十分杰出,同时也具备优秀的品格。我们平时常说的"技术精湛的技工"是指匠人,他们还不是科学家。

蛮勇与真勇之间只差一层薄纸

现在大型复印机复印部分的磁鼓,特别是高速大量印刷的机器,大都采用京瓷制造的非晶硅感光磁鼓。非晶物质难以控制、不好生产,因为它的性质不稳定,文献上也没有记载。我让年轻的技术人员研究攻克这个难关,他们总是抓不住要点。有一次说做成功了,我赶去研究所看,的确产品的印刷效果很好,但同样的产品要再做一个,却做不出来。过了几个月,他们又做出了一个合格品,但原因不明。

许多企业都着手开发与京瓷相同的、用于电子照相的非晶硅感光体，但是一家都没有开发成功。我觉得必须从混沌中抓住诸多条件的核心。这项研究在京瓷的鹿儿岛研究所进行，差不多已经完成了99%，但最后的1%却无论如何也解决不了，当然无法批量生产产品。

于是，我把这个项目转到滋贺县的京瓷工厂，因为滋贺县的工作现场有抓得住事情核心的人，另外也是为了改变研究的气氛。从鹿儿岛只转来几位技术员，同时把实验装置搬了过来。这么做，把过去开发成果的大部分否定了，有人觉得可惜。然而，半年以后开发成功了。

还有其他的成功经验，做别人不做的事，成了我的习惯。做第二电电的时候，我也是"概念先行"。我要做第二电电，但不懂通信事业，更不是专家，在一般人看来，我的行为是莽撞、有勇无谋的。

企业的自我革新

在向京瓷董事会征求意见时，大家都认为："老爷子，你是疯了？"当时 NTT 是一个销售额 4 万亿日元的巨型企业，向它挑战，必须以日本的财团连为中心组织企业联盟。但是，我认为，这么做只会产生第二个 NTT 这样的官僚企业，要降低一般民众长途电话费用的目的就不可能实现。多一个谋求利益的新公司，对 21 世纪日本大众的利益不会有什么贡献。"还是要靠创新型企业，社会要求新企业为不断降低长途电话费用做出努力。这样的事情我愿意干。"听我这么讲，京瓷的董事们惊呆了，脸上的表情是："你想干，我们没法阻止你，你就任性吧！"

接着，开始干了。要成立一个公司与销售额 4 万亿日元的巨大企业对抗，要多少资本金呢？不知道。普通的做法都有惯例、习惯或先例可供参考，但这回没有。我把资本金定为 80 亿日元，定这个数额没有任何理由。后来与牛尾电机的牛尾治朗先生、西科姆的饭田亮先生、索尼的盛田昭夫先生商量，一共召集了200多家企业一起成立了公司。有关股东的数字也没有任何根据。但是，我这么干，后来出现的公司就都从资本金80亿日元开始，股东都是200家左右。因为竞争对手是80亿日元，所以要100亿日元或者50亿日元，没有这种情况。因为我们是第一个吃螃蟹的，什么事情都必须自己决定。正因为一无所有，所以绞尽脑汁拼命思考，鼓起热情拼命努力。而后起的企业全部模仿我们这个先例。

就是说，像第二电电这种没有先例的事情，在开始的时候，眼前是一片漆黑的，什么都不明白。如果有先例或惯例，抑或有顾问参谋，请他们从科学的角度分析第二电电成功的可能性，那么他们的结论只有一个：这个项目风险太大，决不可干。

在大家都说不行的情况下，力排众议、坚决要干，这究竟是蛮勇还是真勇，两者之间只有一纸之隔。最后属于哪一边,谁都不知道,因为可能失败。或许对这样的勇气不可过分赞扬,但是我认为,在开始独创性事业的时候,在准备自我革新的时候,这种不拘一格、开拓新风的发想是必要的。

本能和理性的作用

在判断事情的时候,我们用头脑思考、判断。如果问:以什么为基准思考?极端地说,最初的基准是本能。本能是为了守护自己,为了维持生存,神灵赋予我们的一种能力。本能是主观的、利己的。比如,在饿得要死的时候,让别人吃不如自己争着先吃,没有这种利己心,人就无法生存。

但是,如果这种本能过大将会怎样呢?如果是动物,一旦吃饱,就不会再吃。动物不会储存,但人的欲望会无限膨胀。这种以本能判断的情况非常多。要保面子，要装样子，这些都是本能所导致的行为。是赚了还是亏了，是否为自己方便，是否对自己有利，是否要争面子，这一切都是出于本能的判断。做这样的判断，就很容易跌入危险的陷阱，这种例子很多。

首先，能成功兑现"包你赚"这样的事情，在我的经验里是没有的。听了花言巧语，蒙受巨额损失的例子不少，但顺水顺风赚到钱的却没有。本能是必要的，但本能膨胀就会招致灾祸，这在泡沫经济崩溃中也是显而易见的事实。

其次，我们经常讲要用理性来判断事物。如果说本能是主观的、利己的，那么理性就是客观的。这是为了对事情进行推理、推论，神灵赐予我们的一种能力。我们不断运用大脑进行逻辑推理，但这个理性不能做出最后的决断。那么最后的决断是由什么来行使的呢？决策不是依据理性的，在超越理性的地方有某种基准存在。

遭遇困难，不要逃避，要从正面应对

在超越理性的地方，拿禅宗来说，会在自己心中看到佛性。或者说经过精神统一，达至所谓的"真我"。这个真我，与森罗万象、宇宙是同一个东西。所以佛教讲，当我们的意识到达真我时，就进入了开悟的境界，也叫"三昧境地"。那是充满至上幸福的境地，还有一种说法，真我充满了爱、真诚与和谐。爱这个词与佛教中的布施相同，就是利他。

如果说，本能是主观的、利己的，这个真我的性质就是利他的。客观的东西是理性的，但这个真我原本就是利他的。利于他人，从他人的快乐中感受到自己的快乐，而他人的悲伤让自己感到悲伤。换句话说，为他人尽力就是真我的本质，这就是爱。

我并不是要求大家达到超脱的境界。我想说的是,当意识达到"真我"的时候,事物的真相就会在我们眼前呈现。我们凡人达不到那个"真我"的境界,并且不管如何修行,能达到这个境界的人极为罕见。但是,我们可以做出努力,尽可能不依本能,不用理性判断。只要在平日里时时意识到这一点,那么我们即使到达不了"真我",也可以逐步接近"真我",就可以在接近"真我"的地方做出判断。

研究工作在原地打转、无法进展时,面对年轻的研究人员,我说:"在遭遇困难时,为了解决困难,要有紧迫感,要从正面应对这个困难。同时,不受一切束缚,只管一心一意,用纯粹的眼光注视发生的现象,竖起耳朵,倾听事物发出的声音。在那里,一定会有神灵的启示。"

这看起来似乎矛盾。遭遇困难的时候,不要逃避困难,而要从正面认真应对,思考思考再思考,进入痴狂的状态，然后在某个间隙、某个瞬间，在没有任何束缚、自由自在的空间里，灵感会突然闪现。所谓发明发现不就是闪现的灵感吗？或者换一种说法，所谓创造，就是把一切该做的事都做彻底了，尽心尽力了，问题仍然解决不了，感觉无路可走，但仍不执着于任何事物，以谦虚的心境面对现实，这时候创造之神就光临了。这确实很矛盾：问题非解决不可，极端地执着，又在放松时，即在不执着的那一瞬间，灵光闪现，神灵的启示来了。

拂去杂念，新天地显现

要看清根本性的变革是否到来也一样，输入大量信息，细细咀嚼，并不能看出时代的转折点。用理性收集信息，为了研究而阅读文献资料，并不能抓住事物的核心。这里真的需要的是打开"心眼"。

佛教里有"五行"这个词,就是五种修行。第一种修行叫"布施",就是前面讲到的要关爱他人的真我的境界。我们达不到真我的境地,为欲所迷、本能赤裸就是我们人,但至少也要帮助别人、关心别人,这就是布施。

第二种修行叫"持戒",就是遵守戒律。这个世界上有很多规则,要遵守这些规则。

第三种修行叫"精进",就是要拼命工作。

第四种修行叫"忍辱",就是不要发泄不平和不满,要忍耐,要奋斗。

对于一般的工薪族,精进和忍耐是平时就在贯彻的;没做的是布施,就是关爱他人做得不够;遵守戒律或许也做得不好。

第五种修行叫"止观",或者叫"禅定"。禅定就是坐禅,就是把心静下来,度过那清静的一刻。现在,我们的精神被外界事物所牵制,在辛苦中打转,苦于研究或者苦于经营。但正因为辛苦,就需要有一刻的禅定。布施、持戒、精进、忍辱、止观就是"五行"。

如能彻底地进行这五种修行,据说就能达到前面讲的开悟的境界、三昧的境地。或者说,只要把这五行做到极致,就能达到智慧的境界,这是佛教所教诲的。换种说法,就是打开"心眼",洞察一切。对于我们这些人,忍耐和精进两种是一直在做的,只要把布施、持戒做好,然后抽一点时间,拂拭杂念,统一精神,我们就能看清时势的变迁。在这个信息过剩的时代,收集大量信息,知识渊博,结果只会随波逐流。这样根本就不可能抓住事物的核心,不可能触及真理。

要　点

发明发现这一谁都没有涉足过的领域属于哲学的领域，是无论怎么驱使已成为常识的科学，都无法到达的领域。发明发现是超越常识的东西。

○

无论是技术人员追求新的革命性技术，还是企业为了引领潮流而进行自我革新，如果不能营造一个容忍异端的企业氛围，那么不管怎么强调"要自我革新，要转变观念"，都无法将事情向前推进。

○

踏进无人涉足过的、未曾开拓的、崭新的领域，最重要的是研究者持有的坐标轴。

○

革命也好，革新也罢，都是外行干的。如果是专业领域的专家，一定会受到那个专业领域的束缚，要从那儿飞跃，是不可能的。正因为是外行才可能飞跃，没有过去的羁绊，没有自己专业领域的羁绊，所以可以"概念先行"，就是说，可以一下子说出看似根本不可能做成的事。

○

在混沌中能够抽出主宰现象的要素的能力，还有在混沌中能够看出事物规律性的能力，与独创性的发想是联系在一起的。

○

性格扭曲的人，他眼里的数据也是扭曲的，他很难触及事物的核心。真正优秀的技术人员必须具备优秀的人格和丰富的人性。

○

遭遇困难时，为了解决困难，要有从正面积极应对这个困难的紧迫感。同时，不受一切束缚，只管一心一意，用纯粹的眼光注视发生的现象，竖起耳朵，倾听事实发出的声音。在那里，一定会有神灵的启示。

○

所谓创造，就是把一切该做的事都做彻底了，仍然解决不了问题，在无路可走时，不执着于任何事物，以谦虚的心境面对现实，创造之神就光临了。

经营和斗魂

在札幌盛和塾开塾仪式上的讲话
——1992 年 8 月 26 日

　　1992 年 8 月 26 日，札幌盛和塾成立。在开塾仪式上，稻盛讲了盛和塾存在的意义，同时以马拉松为例，论述了经营需要斗魂的道理。

领导人的哲学决定经营

一般人或许认为,在京瓷因为我原本就是搞技术的,是精密陶瓷方面的专家,所以作为精密陶瓷的生产厂家,京瓷的成功是理所当然的。实际上大家也都说"京瓷的成功是必然的"。那么,通信事业不是我的专业,对我来说属于未知的领域。我要挑战它,让大家看一看哲学的力量。我创建第二电电也有这方面的动机。

我认为,经营企业这件事,光有那个专业领域的知识,光是懂得专业,并不能做好。经营由作为经营者的那个人的心性,或者说由他的思维方式决定。换句话说,经营者的哲学出色的话,公司也会出色,专业知识并不起决定性作用。通过京瓷创建以来33年的经营实践,我越来越坚信这一点。

当然实际上在京瓷,我自己研究、制造和销售精密陶瓷，而且在精密陶瓷这一领域，我接二连三成功开发新的产品。研究水平全世界领先，这才有了今天的京瓷。但是，作为这项研究当事人的我，却并不认为由于技术先进、专业知识丰富，京瓷才获得了成功。技术、知识只是要素，却不是成功的根本原因。我认为成功的根本原因在于经营者持有的心性。基于这种认识，在8年以前我创立了第二电电这一新的事业。

当时，人们对我的挑战只是付之一笑，他们认为这样的挑战不可能成功。NTT这个企业当时的销售额超过4万亿日元。而且自明治维新以来，对于把电话线路铺设到全国各地的家庭这一国家战略，同这样的巨型企业对抗不可能成功。在这种舆论面前，大家都缩成一团，谁也不敢做声。这时，我挺身而出，第一个举手挑战。

正如大家所知，第二电电前一期（1992年3月底)的销售额大约为 2000 亿日元,利润约为 230 亿日元。公司有这么大的规模,从第二电电企划公司开始才过了 8 年。

赛路拉电话公司"想搞移动电话事业",我向国家邮政省提出申请,但邮政省却拖延着不予认可。最后结果是,首都圈和东海地区划分给建设省和丰田汽车组成的高速通信公司,剩下的其他地区分配给第二电电。日本真是一个不讲道理的国家。"既然大企业丰田和官僚机构建设省要干,那就委托它们吧",于是把好地区划给了它们。

有这样的原委,第二电电的移动通信事业除去首都圈和东海地区,在全国各地开展起来。我们把各地划分为北海道、东北、北陆、关西、中国地区、四国、九州,最后是冲绳,共 8 个区域。各地都设立了当地的移动通信公司。

赛路拉电话公司自创立以来已有5年，北海道开业4年。经过5年，除了首都圈和东海地区，公司合计从今年7月的月度数字推算，其规模可以达到年利润200亿日元。这是同赛路拉电话公司的母公司第二电电分开计算的数字。

这样，包括赛路拉电话公司在内的第二电电集团公司的年度利润可达500亿日元。京瓷公司也不过500亿日元的利润。因此，在花费33年工夫成长发展的京瓷之外，我们又创造了一个同样规模的企业，而且只花了短短8年时间。

这样的成功不依靠专业知识，证明领导人应该持有的心性、哲学、思想决定了企业经营本身。这是我的观点。把企业经营的精髓告诉大家，其实就是我发起、组织盛和塾的初衷。

现在大家汇聚一堂，我想，大家除了在我身上学到某些东西之外,你们之间还可以互影响,促使彼此的企业快速发展。我认为盛和塾可以成为一个非常了不起的集团。

我希望各位的企业能够成为各个地区、各个行业内出类拔萃的企业。我希望从现在开始的 5 年间,你们的企业都能够成为令人刮目相看、卓越的企业。

盛和塾现在有 20 多个分塾,约 1000 名塾生。我现在计划把它发展为 100 个分塾。同时,一个塾按照 50 人来算。为什么是 50 人?因为超过 50 人,名字就记不住,而且人数过多也不便于边喝酒边交流。我相信,促膝而坐一起喝酒是交流意见,统一思想的最好方法。

50 人、100 塾的话,塾生就有 5000 人。现在,塾生中规模大的企业年销售额有几百亿日元。由此看来,盛和塾这个团体或许会具备巨大的力量。5000 名塾生企业家,彼此完全不讲功利,聚集在一起,互相帮助,这么了不起的组织现在正在不断成长。

我今年正好60岁,如果寿命是80岁,那么还有20年的时间。今后,我不会再从早到晚忙于公司事务了。我想为社会、为世人尽力,所以才创立了盛和塾。

守护员工不是轻松的事

诸位都是经营者,哪怕只有5名、10名员工,要养活他们,我觉得这已经是很了不起的事了。一般来说,一个人把自己的生活过好就很不容易,如果要养家糊口的话,更是十分辛苦。而在这个严峻的世道中雇用员工,给他们发工资,不是一件轻松简单的事。员工都有家庭,包括员工家族在内,你们要保证他们的生活。哪怕只有5名、10名,仅仅是雇用员工,实际上你们在不知不觉中已经做了非常了不起的事情。

我不认为政治家、官僚有什么伟大。不管多少人，我觉得雇用员工的实业家才是伟大的。因此，我认为，要让日本这个国家优秀，经营者必须优秀。学者不管说起话来多么头头是道，他养活自己一个人就行了。至于政治家，把秘书加进去，给两三个人饭吃就行了，而且还不是自己亲自赚钱。在这世上，不仅自己吃饭，同时要养活员工，我认为这样的经营者才是好样的、优秀的，而且他们必须优秀。

对于经营者来说，最重要的是"韧性"和"斗志"。当然因为要搞经营，所以他们在专业知识的学习方面要不亚于学者。但是，不管头脑多么聪明，不管构建了多么高超的战略，如果没有韧性，缺乏斗志，他们仍将一事无成。

我经常对盛和塾的企业家们讲下面一段话："要

当经营者,就要有不亚于任何格斗士的燃烧的斗魂。摔跤、拳击这种激烈格斗的领域有闻名世界、充满斗魂的人。即使向这种人挑战也毫不畏惧,经营者需要这样的斗魂。缺乏这种强烈斗争性的人,不适合当经营者。心地太善良的人当不好经营者,在软弱的领导人手下工作的员工是可悲的。"

我这么说,并不是因为我原来就是一个粗野无礼的人。相反,正因为我自己本是一个胆小怕事的人,才知道斗志、韧性有多么重要。

在小学入学仪式时由母亲把我带到学校门口,这时我还很起劲。但一进校门发现母亲不见了,我马上就哭出声来。所以只要我还在教室里,母亲必须一直站在教室外的走廊等我。第二天,母亲不陪同,我就不去学校。过了三四天,母亲看到我在教室里与小朋友们玩得来劲,便悄悄回家了。我回头一看,哇的一声大哭起来,听说母亲当时羞得不得了。结果母亲不带着我，我就不去学校。但是在家里，我却趾高气扬。我虽然排行老二，却顽皮嚣张，一出家门又胆怯害羞，就是这么一个不好伺候的"窝里横"。

所谓"三岁的魂，终生难变"，一直到小学高年级，我都是胆小内向的性格。到高年级以后，我才慢慢适应了"淘气王"的角色。大学时代，我进入空手道部，想进一步锻炼自己。但是，因为本性胆小谨慎，我在公司成立后也不敢去拜访客户。因为胆量小、见识少，我甚至连与人聊天也不会。

因为我自己是这么个人，所以我对公司的干部这么讲：

"本来胆量就大的人，往往是粗放的人。胆量大看起来很神气，但实际上粗糙的人才有胆量。神经纤细、感觉灵敏、头脑聪明的人，不会有那么大的胆量。正因为粗野，所以看起来才有胆量。

但是,事业的成功需要斗志。超越那种纤细和敏锐,久经沙场并经历铁与火洗礼的人,以及如果是黑道世界,不惜拼命,流血打架,几经生死后炼出胆量的人才是真正的强者。看看黑社会,那些体格壮实、刺着耀眼文身的粗俗汉子,没有一个人当得了头儿。黑帮头目大都是些看起来老实沉稳、体格不壮的人,他们才是真正具备胆量的人。那种压倒一切的气势、斗魂,是经营者所需要的。"

马拉松赛的斗魂

不久前,京瓷田径队有位运动员要参加巴塞罗那奥运会的女子马拉松比赛。我正好有事在欧洲出差,所以赶到巴塞罗那,花了一天时间去声援她。

当天天气非常炎热,跑道上又正好在进行男女百米赛的决赛和三级跳远比赛,是赛事火爆的一天。像我这样在舒适的空调房里工作的人,仅是坐在观赛台上就已经大汗淋漓。马拉松比赛从傍晚开始,当时更是热得让人发昏。在火一样的酷热中奔跑42.195公里,真是要命的事。

这位选手去巴塞罗那之前,曾在美国的丹佛日本田径联盟进行过两个多月的强化集训,然后回到日本再飞往欧洲。当时在东京的京瓷事务所,我和这位选手及其教练一起吃饭,我鼓励她加油,并有了一次与她谈话的机会。

当时,我对她说:"这次马拉松赛,你绝对要紧跟先头团队。就这一句,是我的忠告。"至于"要拿金牌,要拿银牌,要拿铜牌"之类的话,我只字未提。教练与运动员之间也没谈这些。原因是考虑到不要给运动员太大压力,不要把她的精神压垮了。

不过,当时有这样的对话:"这次巴塞罗那奥运会上夺冠的成绩,我想是在2小时26分钟之内。"当我说出这句话时,教练吃了一惊,忙问我:"唉,为什么会长说是2小时26分钟之内?"

"没什么,这完全是我的直觉,并没有什么根据。"我这么回答。教练就说:"其实,在丹佛进行强化训练时,我每次都做训练记录。现在她正处在高峰期,完全可以跑出2小时26分钟之内的成绩。会长怎么会突然说出这个成绩,我感到惊奇。"

如果发挥良好,完全可以跑出2小时26分钟的成绩,教练和运动员之间有过讨论。

我说夺冠成绩在2小时26分钟之内,他们说完全有可能,这说明教练和运动员都瞄准了夺冠。但是,谁也没有承诺,没有打包票。

当时,我在位于巴塞罗那蒙特惠奇山的赛场上观看比赛,但比赛的情况却根本看不到。大家在日本的电视转播中也许一直能看,但身在现场却什么都看不见。后面虽然有大屏幕,但屏幕上的镜头要每过 10 分钟或 15 分钟才出现一次,每次只有几秒。而且只拍摄跑在最前头的那个团队,要声援的选手跑在哪里完全不知道。最初,我们的选手跑在前面 20~30 人团队的中间偏后。"再往前跑一点!"当我自言自语时,屏幕上的影像消失了。

到最后阶段,有森裕子选手与苏联的一位选手交叉争第一,一直到进入体育馆赛场。我们的那位选手第五个进入,但本人似乎不知道。

因为实在太热,进来的苏联选手、有森选手、我们的选手全都满身大汗,好像刚从水池里爬上来一样,浑身湿透。这真是异常严酷的考验、极其激烈的竞争。

历经如此艰苦的比赛,有森选手一到终点就立即瘫倒在地上。但是,我们的选手不但没有倒下,还蹦蹦跳跳的。

然后,在接受采访,记者问她"感觉如何"时,她说:"我是第几?"告诉她是第五时,她说:"啊!是吗?我的目标是第八,所以得了第五很高兴。"

听她这话,我却不能接受。如果目标是第八的话,我不会特地赶来声援。

接着,她又问:"有森小姐跑在我前头,她得了第几?"告诉她有森获得银牌,她赞道:"那太好了!"那口气好像是自己为别人的成功而高兴。这种态度当然可以,但她"目标是第八"的说法却让我很是吃惊。

回来细看录像带,她没有遵照我的意见一直跑在先头团队。开始时在里面,跑了2/3以后,她还跟在这个团队之后。再看的话,一位戴白帽子的苏联选手在20公里处开始一马当先(这位选手因为赛后查出服用兴奋剂，被取消了第四的资格），这时我们的选手没能跟上。一会儿白帽子选手领先先头团队200米。又过了一会儿，跑到22~23公里处，又一位苏联选手（冠军）甩开先头团队，追上白帽子选手。

这位冠军选手超过白帽子选手200米，而后者又超过后面的团队200米，因此冠军选手已甩开先头团队400米。正好在30公里处，有森选手开始发力，甩开团队，追赶前面两位。

到达终点接受采访，被问到"在30公里时你开始加速，那是为什么"时，有森选手答道："教练指导我，30公里前要注意节省体力，过了30公里，感觉可以的话那就加速。所以，那时我就加快了速度。"在30~35公里这5公里之间，她将距离缩短了400米，与第一位的苏联选手并驾齐驱。

5公里就缩短400米，这是相当艰苦的。在马拉松比赛中，缩短400米可不是稀松平常的事。而缩短这个距离时，正好在蒙特惠奇山的坡道上，有森选手想甩开对手，但苏联选手紧追不舍。最后两人就在那儿比拼，在进入场馆跑道前，有森选手被那位苏联选手超越了。因为有森选手在坡道5公里的冲刺中消耗了相当大的体力，最后取得第二，接着就倒下了。

然而，我们的选手却一脸轻松、满不在乎。我认为这就是斗魂不足。

与其"不言实行"，不如"有言实行"

这个马拉松的事例，对企业经营的参考价值有两个方面。第一，对于经营者要求"有言实行"。

我们的选手说，"目标是第八，所以获得第五很高兴"。但是，在前年世界强手云集的世界马拉松选拔赛中她取得了银牌，所以这次的目标只能是金牌，说"目标是第八",这怎么可能呢?

获得银牌,然后花1年时间不断研究、反复训练,为奥运会重头戏做了充分准备,剩下的目标只能是冠军。至少同去年一样拿银牌,最坏也是铜牌,没有理由说什么"进入第八位得奖名次是目标"。

我想,大概是为了面子临时说出这样的话,但这是不对的。

"本想夺冠,现在只获得第五名。'对不起,很遗憾,真的很遗憾,很懊悔!'首先她应该说这个话。不管是女是男,既然把青春赌在比赛上,不成功,就要坦率地说一句'对不起'!不可以说漂亮话,那不是对自己不诚实吗?"我简直想对她这么说。

但是,经营者也有类似情况。没做出什么利润,没缴纳多少税金,在JC(青年会议所)的企业家中,经营也乏善可陈。当被问到经营状况如何时,本来应该表达歉意和悔意,并表示决心"要把经营做得更好",但是他们却不这么说。

"呀!就这么回事啦!还算可以吧!"他们用这种言不由衷的话来敷衍搪塞、自欺欺人。"原来想把销售做得更大,利润做得更多,超出一般水平,缴更多的税。但事与愿违,因为贪玩没管住自己,努力不够,所以业绩不好。真的很惭愧,明年一定鼓足干劲,认真干一番!"本来只要这么坦诚相告就很好。但这么讲的话,好像是贬低自己,让人小看,惨不忍睹,所以不这么讲。"看看周围的公司,还说得过去吧!都这个样吧!"讲些违心的话蒙混过去,与现在讲的马拉松的例子一样。

我想对这位选手说:"不要讲言不由衷的漂亮话!该说的是:'我这一年,为今天的奥运会做准备,赌上青春,勤练苦练,本想夺取冠军,但结果希望落空,太遗憾了,也对不起大家!'"

而当时我想到的一句话是"不言实行"。过去常说"男子汉应该不言实行",好像嘴上不说,只要行动就是美德。但是,"不言实行"可能导致弄虚作假,因为事前没有任何承诺,所以才可以说"目标是第八"。但如果事前说了"要夺取金牌",而最终没有夺冠,就不得不说"很惭愧,我努力得还不够"。

企业经营也是这样,社长要当众宣布:"我的目标是要做成这样!"因为公开说了,就没有了退路。不给自己退路,就是逼着自己必须真干。逼的结果是,自己会拼命努力去实现自己当众宣布的目标。如果没能实现,就坦诚地说:"是我努力得不够,明年继续加油!"

只要第一把手率先垂范,采取这种直言不讳的态度,就可以要求其他董事、干部也这么做。让他们当众表态,"我的销售目标是多少,利润要做多少",要求他们履行承诺。因为是自己束缚自己,所以这是非常苛刻的,而且已经在大家面前公开表态了,给自己的压力也会非常大。

由第一把手率先垂范,实行了,但结果仍不理想。这时可以干脆利落、堂堂正正地对员工们说:"很对不起,是我努力得不够,做得不好,明年一定更加努力!"把这种做法变成习惯,公司内部的气氛就会明朗。在明朗的氛围中,董事也好,部长也好,大家都能很自然地贯彻"有言实行"这条原则。

这是我今天讲马拉松这个例子的第一个意义。

竭尽全力紧跟先头团队

第二,尽管我嘱咐她"要紧跟先头团队!",她却没有紧跟,这是为什么呢?

我认为,我们的选手没能始终跟上先头团队,可能是因为虽在这个团队，但被团队后面的人遮住了，看不见跑在最前头的选手。我想，她没有看到白帽子的苏联运动员超越大家的情景，否则当时她就应该跟上。接着，那位夺冠的选手跑在前面了，她也应该紧紧跟上。至少在30公里处，当有森选手开始冲刺时，她必须紧跟。

如果我们的选手一开始就能跟进，或者在第二次苏联选手脱颖而出时紧追不舍，我想她很可能夺冠。因为她有十二分的实力，跑完全程也一点不显疲倦。

那么，为什么我的嘱咐她没听呢？我认为原因是，她没有从内心相信我说的话。以前我去田径队指导的时候，大家的反应是："会长，马拉松您跑过吗？""别说42.195公里，哪怕5公里、10公里，您跑过吗？"我当然没有跑过，连中距离的1500米也没跑过。

没长跑经验的人来指手画脚,说什么:"哎呀!在3公里处该这样,该那样!"他们根本听不进去。实际跑起来,真是一场严酷的运动,体力大量消耗,昏头昏脑。毫无切身体验的人来说三道四,他们自然不想听。

另一方面,教练原本都是马拉松运动员。教练的话她听得进。有经验的人比没经验的人当然说话中听。

日本田径队强化集训时的马拉松教练,都是学生时期响当当的长跑运动员。这些教练说的话,她们当然会听。

我们那位选手从日本出发时,尽管我嘱咐她"绝对要紧跟先头团队",她却并没紧跟。我认为原因是,她并没有从内心相信我说的话。

另外,没紧跟的另一个原因是田径队领队、教练的指示。超过 30 摄氏度的高温下，迎面风速四五米，还有蒙特惠奇山路上的坡道，最后 5 公里体力消耗殆尽时，要在那坡道上激烈拼搏，田径队领队、教练肯定一致认为"这非同寻常"。所以，可能在比赛开始时，教练们就会嘱咐："要慎重，节省体力，不要冲刺！"因为是经验丰富的领队、教练的指导，比起我的话，当然更有说服力。

还有，大家都对我们这位选手寄予期望，暗地里都议论"一定能获奖牌"。"去年的世界选拔赛上荣获银牌，这次一不小心弄个金牌也未可知呢！"田径队的人都这么想，她本人自然也会这么想。

所以，田径队觉得不要给她施加压力，恐怕在比赛开始前就关照她："不要太拼，这么热的天，就是得个第八也行！"这么一说，让她完全放松，处于这种精神状态反倒能夺冠。如果教练们不是这么想的话，她不可能说什么"目标是第八"这样的话。不管怎样,没有紧跟先头团队,我认为这是失败的第一原因。

持续超速奔跑,促进成长发展

人就是这样,哪怕勉强,但只要领先别人,状态就会出来,甚至能够发挥出120%、150%的力量。搞过体育的人懂这个道理,因状态良好而获胜,这时就会浑身充满力量。但是,在落败时,就是马拉松跑在后面时,真的会感到腿脚沉重、使不出力。所以,我才激励她:"要紧跟先头团队!"因为没能做到这一点,她才失败了。

为什么我能这么说呢?我在创立京瓷时,只有28个人。但从企业十分弱小的时候起,我就不断向员工们诉说:"首先我们要成为西之京原町第一!成为西之京原町第一之后,就要成为中京区第一!成为中京区第一之后,还要成为京都市第一!成为京都市第一之后,再成为日本国第一!成为日本国第一之后,最终要成为全世界第一!"因为当时说过这种远离常识的话,与此相应,从公司创立的那一刻起,我们就夜以继日拼命工作。这同马拉松一样,就是持续超速奔跑。

对此,员工就有牢骚:"稻盛先生,照这样拼命,身体能吃得消吗?"坐早晨最早的班车来上班,晚上末班电车回家,连睡眠的时间也挤掉了,努力程度超越了人的极限。"这么高速奔跑,长时期的经营能坚持下去吗?"大家都抱有这种疑问。

我对员工们这么说:

"打个比方,日本的经营竞赛就是企业马拉松比赛,京瓷是后来加入的。比赛从1945年8月15日战争结束时开始,大家一齐起跑。京瓷创建于1959年,就是晚了14年。把14年假设成距离的话，就是先头部队已跑出了14公里，这时京瓷才开始起跑。马拉松要跑完42.195公里，现在已经拉开了14公里的差距。何况我们又不是一流的专业选手，如果按普通速度去跑，根本不可能取胜。那样经营企业没有意义，既然如此，不如一上场就全力疾驰，这样才能缩短差距。"

从创业时讲这番话开始，不过十余年，京瓷就在大阪证券交易所二部成功上市。二部上市意味着京瓷以迅猛之势追上了跑在前面14公里的第二团队，将它纳入视野并跑进了这个团队。

当时的情景历历在目。那夜，在滋贺县京瓷工厂的广场上，全员集合，用松树圆木扎成高台，燃起篝火。当时员工的规模已有数百人。不管一股也好，两股也好，我让全体员工都持股。我以篝火作为背景，就二部上市意味着什么，对大家讲了下面一段话。

"感谢大家这10多年来的辛苦劳动。从公司创立开始,大家就拼命工作。从旁人看来,'像那样发狂般地奔跑,不可能持久!'但我们却一直以全速在跑马拉松。或许正如大家所说,'这么拼命过分了,这样工作过头了!'确实,我们的工作是过了头。证据就是我们已经追上了先跑了14公里的第二团队,这肯定是辛苦过头了。但是,跑到今天这一步,我们已经习惯了,已经适应了,我们一点也不感觉疲劳。下一个目标,就是马拉松的第一团队,就是东京证券一部上市公司,让我们追上那个先头团队吧!"

我这样激励大家,接着继续全速奔跑。在二部上市后没几年,京瓷就跑上了"东证一部"。登上一部后没过几年,京瓷股票超越索尼,雄踞日本股价第一。而不久以后,京瓷又在纽约证券交易所成功上市。

也就是说，人们认为"根本不可能的事"，我却从创业开始一直干到现在。刚才谈到，在我创建第二电电时，周围的人都异口同声："不可能！""既没有经验，又没有专业知识，那家伙不可能成功！"然而，我做成了，所以京瓷才能发展成世界上屈指可数的优秀企业。

我们再回到巴塞罗那奥林匹克马拉松的话题。"为夺取金牌，就要紧跟先头团队！"坐着也满头大汗，气温高达30几摄氏度，比赛在如此严酷的条件下进行。而我说这话，在专家们看来，那是"勇而无谋"。但是，"紧跟先头团队"这句话首先要执行，这才是重要的。认为那不可能因而不干，事情就不能成功。而且挑战所谓"勇而无谋"的建议所需要的身体条件，通过1年的严格训练她已经具备，她应该能够成功。

人们认为"绝不可能做成"的事，我们做

美国有一个团体名叫华盛顿卡耐基协会。这是钢铁大王、闻名世界的卡耐基创立的研究机构，在天文物理、地球物理和生物研究等方面拥有许多世界水平的研究所。我有幸被邀，成为该协会最早的外国理事。

在该协会1991年年度报告书的首页，某位理事长的评论引用了我的一句话。这位理事长名叫玛基辛·辛格，是一位女性。她本人是世界有名的优秀生物学家。她的评论开头引用我如下一句话：

"我们接着要做的事，是人们认为绝不可能做成的事。"（What we like to do next is what people tell us we can never do.）

其实，有名的普利策奖得主、记者兼作家戴维特·巴尔巴斯坦姆，在其于1991年所著的《下一世

纪》一书中引用了我这句话。作者自己说："我活着，就是为了写这本书。"这本书在美国发行后非常畅销，在日本也已经翻译出版。在这本书中，他特地写了"京瓷·稻盛和夫"一章，在阐述下个世纪将如何演变时把我作为例子。

他在10多年前曾与我见过面，给他留下了深刻的印象。去年，他来京都住了几天，采访了我。采访的内容归纳在这本书里。"我们接着要做的事，是人们认为绝不可能做成的事。"他把我讲的这句话写进了书里。

玛基辛·辛格理事长读了这本书，引起了共鸣，所以又引用了我这句话。

我要表达什么意思呢？我想做如下说明：

"人们认为绝不可能做成的事，我一如既往，一直做到今天。因为跟上了先头团队，才有了今天的京瓷，才有了第二电电。专家们批判我'那是莽撞无谋，那不可能成功'。如果按照他们的常识办事，就没有我们的今天。"

希望你们也务必记住这句话。人们从常识讲的"绝不可能，这是不可能做成的事"，我们就要去做。要靠百折不挠的韧性和燃烧的斗魂，才能做成功。经营者绝对需要这样的斗魂。

自己不想成为京瓷那样世界第一的企业，在温泉街上有一家小旅馆就够了，在札幌开家面店就行了。没有必要把公司做那么大，所以也不需要那么拼命努力。如果这么想的话，就大错特错了。要成为拉面横街第一的面店，一般的普通努力是不够的。无论在什么小地方、小行业要成为第一，都必须付出不同寻常的努力。另外，如果说要成为拉面横街第一，就要有第一的素质的话，那么成为札幌第一、日本第一也是一样，经营的要诀都是一样的。

"微不足道、这么一点儿的小生意，再努力也有限。"如果这么想的话，企业就无法发展。无论什么行业，无论多么细小的工作，一定要付出不同常人的努力，那是跟自己做斗争。

只要持有激烈的斗魂，付出不亚于任何人的努力，公司一定能够成长发展。

要 点

经营企业这件事，光有专业领域的知识，光是懂得专业，并不能做好。经营由作为经营者的那个人的心性，或者说由他的思维方式决定。换句话说，经营者的哲学出色的话，公司也会出色，专业知识并不起决定性作用。

○

要当经营者，就要有不亚于任何格斗士的燃烧的斗魂。缺乏这种强烈斗争性的人，不适合当经营者。心地太善良的人当不好经营者，在软弱的领导人手下工作的员工是可悲的。

○

事业的成功需要斗志。超越那种纤细和敏锐，久经沙场并经历铁与火洗礼的人，才是真正的强者。真正的胆量，是原本老实本分的人在严酷的斗争中掌握的。那种压倒一切的气势、斗魂，是经营者所需要的。

○

社长要当众宣布："我的目标是要做成这样！"因为公开说了，就没有了退路。不给自己退路，就是逼着自己必须真干。逼的结果是，自己会拼命努力去实现自己当众宣布的目标。如果没能实现，就坦诚地说："是我努力得不够，明年继续加油！"只要第一把手率先垂范，采取这种直言不讳的态度，就可以要求其他董事、干部也这么做。

○

人们从常识讲的"绝不可能，这是不可能做成的事"，我们就要去做。要靠百折不挠的韧性和燃烧的斗魂，才能做成功。经营者绝对需要这样的斗魂。只要持有激烈的斗魂，付出不亚于任何人的努力，公司一定能够成长发展。

让企业经营好转的哲学

在盛和塾关东地区塾长例会上的讲话
——1994 年 8 月 9 日

　　1994 年 7 月 1 日，PHS（personal handy-phone system）事业准备开业，DDI 小型通信机企画株式会社成立，稻盛和夫出任董事会会长，在东京、北海道、东北、北陆、东海、关西、中国地区、四国、九州分别成立公司，计划 1 年后开始商业服务。为了让事业迅速走上轨道，针对各新公司的社长，稻盛会长阐述了当社长应有的素养和经营哲学的重要性。内容相同的讲话，在这次盛和塾关东地区塾长例会上，稻盛塾长又讲了一次。

当社长应有的心态

第二电电为了发起 PHS 事业，成立了 DDI 小型通信机企画株式会社，现在事业正在向前推进，日本全国经营个人手机系统的一共有 9 家公司。

在公司成立之际，我把 9 位社长聚集在一起，讲述了"作为社长，应该以这样的心态去开展工作""请大家在经营企业时，要把哲学，也就是最重要的判断基准铭记在心""要把这种哲学传递给你们的部下"。在座各位都是经营者，这些内容对大家也很重要，所以我想在此重申。因为这也是作为第二电电相关的 PHS 事业的社长应有的心态，各位可以对照自己的公司，研究一下怎样当好社长。

社长心得八条

我将应该作为社长处事信条的"社长心得"八

条归纳在一张纸上，发给9位社长候选人。再次强调了哲学的极端重要性，哲学是迄今为止我们一切事业的基础。我把它归纳为PHS事业公司的社长心得。

1.深刻理解第二电电的创业精神。

我在创建第二电电时逼问自己："动机善吗？私心无吗？"同时，在平时我就坚持办事光明正大，具备勇气，以敬天爱人的精神处事。这样的心性和思维方式，塑造了第二电电的创业精神，并带来了今天的成功。

2.作为民营企业，必须彻底追求经营的效率。为了提高经营效率，必须杜绝牵强，排除损失浪费。

3.事业经营要能够给国民、给客户提供满意的、便宜的服务，同时要追求企业的高收益。

4.必须在追求全体员工物质和精神两方面幸福的

同时，为人类社会的进步发展做出贡献，而且必须给予股东充分的回报。

5. 要排除大企业常有的、僵硬的官僚组织和权威主义，要建设灵活柔软的、朝气勃勃的组织。

6. 处理人事要光明正大，以公平为宗旨，决不可夹杂私心。

7. 避免独断专行，要汇集众议，得出结论。

8. 判断的基准不是放在习惯、惯例、常识上，而是放在"作为人，何谓正确"这一点上，必须基于原理、原则做出判断和决断。

同时，我把印在A4纸上、有相当厚度的《京瓷哲学》一起分发，强调"希望各位社长充分学习领会，把它变成自己的东西，同时要认真渗透到员工中去"。《京瓷哲学》是京瓷迄今为止一直作为判断基准的我的哲学。

我把社长心得八条分发时,又把《京瓷哲学》,即我的哲学,发给他们,并要求他们在员工中渗透。

为什么经营需要哲学

关于将《京瓷哲学》向员工渗透,前些天我们在美国实际做了尝试。在美国,由铱公司的领导班子,加上京瓷在全美的关联公司的干部,我们举办了领导人讲座。

这个讲座把京瓷在美国各分公司的首席执行官几十人聚集一堂,目的是让他们学习并掌握《京瓷哲学》,并用这种哲学来经营企业。一开始,我就以"为什么经营需要哲学"为题,说了下面一番话:

"所谓哲学就是判断基准。这种哲学在成为领导层应该持有的判断基准的同时,要被渗透到员工中去,成为全体员工的判断基准,成为整个企业的精神支柱，营造企业风气。换句话说，这个企业要以这种思维方式营造企业风气，营造企业文化。

"如果说企业有风气的话，那么营造这种风气的，是员工的心灵。所以必须把哲学渗透到员工的内心深处，这样才能营造企业的精神风气，形成公司风气。"

京瓷在美国的总部下面有五六个工厂，年生产额超过10亿美元，仅员工就有6000~7000人，由美国一流大学毕业的干部经营。日本和美国社会结构不同，对事物的思考方式不同，另外，历史、文化、宗教背景都不同。经营这么大规模的公司，尽管有种种不同，然而在实际经营中发生的问题，却完全相同。

例如，如果缺乏企业应有的行动规范，或者缺乏作为企业应有的判断基准，仅仅从经营管理的技术技巧角度思考企业经营，"这么做就会有这样的结果"，在企业经营中片面追求效率性和合理性。那么，企业里会做事的人，有力量、有才能的人，就会恃才傲物、任性放肆，结果制造出令人头痛的问题。

说起来很难为情，大约10年前，美国的京瓷公司在干部中发生了日本常见的舞弊事件。

大家知道，美国是一个推崇实力主义、个人主义的社会，干部的工资待遇当然是根据能力不同，根据绩效主义来决定的。因此，工作能力强、做事麻利的人，会要求高报酬、高地位。

这时候，如果不知道做人应有的姿态，不懂得"作为人，何谓正确"，不清楚怎么当干部，怎么当领导，就是说不具备哲学的话，那么他们就会认为自己既然有实力，给公司赚了这么多钱，公司就应该更加看重自己，应该给自己更高的工资、更大的权力。他们的欲望就会无限膨胀。

在这种思维方式之下，有一个负责采购的干部就干起了舞弊的勾当。公司要买东西时，这位干部会对供应商说："尽管可以供应这种物品的公司很多，但我们特地从你这里采购，你应该给我回扣。"结果我们发现他收取了回扣。

为了收取回扣，进货价格会提高，这个差价就进了他自己的腰包，就会损害公司的利益。这是损公肥私的背叛行为，在法律上属于犯罪。在诸位的企业里，如果道德沦丧的话，发生这样的事就是"家常便饭"。

社长抱着信任和期待把重要的工作交给这个人做，此人能干，会做事。但正是这种能干的人，稍加疏忽就会出问题。所以经常有干部问我，对于这样的人，究竟应该不应该把工作全部委托给他？

"在我面前很谦卑、好话说尽,但不知道在背后他干了什么,这种人值得信任、值得委托吗?"

某位干部来请教我:"最近才知道,最能干,也是我们最信任的公司销售部长干了坏事。是不是应该解雇他?解雇的话,公司业绩会大幅下降,置之不理也不行,该怎么办呢?"

京瓷的美国企业里面也有这样的问题。这种事在日本也经常发生,用心观察就会发现,比如京瓷的销售部门。销售产品有时需要通过代理商,一般我们会拜托代理商:"请帮助销售这个产品。"但如果是供不应求的畅销产品,代理商反而会要求我方:"这个生意给我们做吧。"这种场合就容易发生问题。

在寻找代理商的时候,某销售部长对某代理商说:"我不是请你帮助京瓷推销产品,而是把京瓷畅销商品的销售权交给你。"这是权利,有权就有利,所以这位部长的意图是索取回扣。就是说,把毛利很高的京瓷商品的销售权利交给这位代理商,从他那里获取回扣。我们发现这位销售部长思想错位、品质不端,当然就把他开除了。

如果不具备"作为人,何谓正确"的判断基准,不具备应该作为行动规范的哲学,那么发挥自己的聪明才智,把工作做得越好的人,就越容易变得傲慢不逊。

营造公司风气的是员工的心

企业也是这样。成功了,企业快速发展,不知不觉中经营者就会傲慢起来,公司也会骄傲自大。

在 20 年以前,就是在公司创立第 16 年的 1974 年,我提出的公司口号是:"要谦虚,不要骄傲,努力再努力!"这个口号里面,也有诫勉我自己的意思。

我对全体员工说：

"今天的繁荣，是过去努力的结果；未来的繁荣，要由我们今后如何努力来决定。过去的光荣，绝不能保证将来一定成功！

"今日京瓷之所以优秀，是过去前辈们拼命努力的结果。如果我们想要有一个更加美好的未来，从现在开始，我们就要付出更大的努力。"

我用这样的话来激励全体员工。

不管是东洋还是西洋，如果缺乏这样的规范，就会发生想象不到的、荒唐离奇的坏事。

在我所著的《提高心性，拓展经营》一书中，每一页都写着判断基准、行动规范。大家要认真阅读。我希望各位不但把它作为自己的判断基准，而且要努力与员工共有这个基准。但是，作为经营的指导思想，首先你们自己必须拥有。

只有将这种经营哲学让全体员工共有,才能营造公司风气,就是营造公司的精神基石。如果只是领导人一个人,那么不管你说得多么漂亮,不管你想得多么美好,与企业的成功还是没有什么关系。只有把这种思想哲学渗透到每一位员工的心里,才能对企业的经营产生影响。因为我自己曾有教训,我曾经片面追求合理性、效率性,结果不妙。所以我才强烈地要求干部们持有这样的规范。

我要求大家掌握的规范就是把"作为人,何谓正确"当作基础。"这可以做!那不可以做!"它就是这种父母对孩子讲的朴实的判断基准。但是,这一判断基准其实极其重要。

关爱体贴中包含烈风般的严厉

京瓷的判断基准是《京瓷哲学》,贯穿全部《京瓷哲学》的是美丽的心灵、纯洁的心灵，而且是正确的心灵，"要光明正大""把公平作为宗旨，不可夹杂私心""作为人，何谓正确"等。通篇流淌着美丽的、优雅的关爱体贴之心，充满正气。

关爱体贴并不是娇纵放任。有时候，关爱体贴中包含着烈风般的严厉。这一思想贯穿在整个《京瓷哲学》之中。

一方面是正直、美好，另一方面是包含着裂帛（撕裂绸帛）般尖锐批评的关爱体贴。兼备这两极，并将它作为心灵的基准去经营企业，不仅公司会顺利发展，而且会给整个集团带来巨大的幸运。当命运之神打算抛弃这个企业的时候，说明这个企业的存在已经没有价值。特别是在这个社会环境急剧变化的时代，我认为仅仅努力工作还不够，整个企业、整个集团还需要有幸运的眷顾。

我对美国的干部们讲了下面这段话：

"拥有崇高的、纯粹的、高层次的心灵，满怀热情和诚意做好每一天的工作，满怀喜悦和感谢之心度过每一天，怀抱清纯的、正确的、强烈的目的意识，乐观开朗地生活。确立这样的判断基准和行动规范并将其贯彻实行的团队，不仅因为思想卓越而获得坚实发展，而且神灵一定会赐予它们想象不到的、不可思议的好运。"

"拥有崇高的、纯粹的、高层次的心灵，满怀热情和诚意做好每一天的工作，满怀喜悦和感谢之心度过每一天。"就是说，对于今天还活着，今天自己还存在着这一事实，充满喜悦之情；对于神灵，或者说对于绝对的存在，充满感激之情。我认为，抱着这种心态，不但能让我们生活得轻松美好，而且可以唤来幸福和好运。

"满怀喜悦和感谢之心度过每一天，怀抱清纯的、正确的、强烈的目的意识"，这句话中的"清纯的、正确的、强烈的"极为重要。

利他的动机导致成功——创建通信事业

那么，为什么拥有崇高的、纯粹的、高层次的心灵就会招致好运呢？

在社长心得第一条里，谈到创建第二电电时，我曾经不停地严厉逼问自己："动机善吗？私心无吗？"就是说，在组建第二电电时，我是在确认自己毫无私心以后，才创业的。

但是，在创立第二电电时，我们遭遇了巨大的困难。第二电电今天才被称为卓越的企业，而在1984年，当我举手表示要创立新的电信电话公司以后，当时的国铁也很快报名参与，并设立了日本TEREKOMU公司。它们可以沿着新干线铺设光缆，很容易形成通信网络。紧接着，丰田汽车和道路公团以建设省为中心，成立日本高速通信公司。它们之所以也报名参加，是因为它们可以沿着东名、名神高速公路铺设光缆，很快形成通信网络。另一方面，第二电电虽然第一个举手报名，却没有任何类似的基础设施。很明显，第二电电必将第一个失败、落伍，退出竞争。开始时，报纸上都是这么评论的。

然而，尽管背负如此巨大的不利条件，如今的第二电电却一直跑在第一位。

最初，要在东京和大阪之间铺设通信线路，要在日本列岛的山脉上构筑铁塔，架设天线，通过微波进行无线中转。要建设中转线路的基地局就是一个巨大的负担、一个严重的不利条件。尽管如此，第二电电在新电信电话公司中，业绩排名第一。之所以成绩骄人，除了第二电电的员工们拼命努力之外，还有老天的眷顾，我不能不这么想。

拥有纯粹的心灵,拥有美好的、正确的哲学,动机至善,换言之,不是为自己而是为大众努力工作,就一定会有幸运降临。我以第二电电为例,给美国干部讲了这个道理。

另外,我还讲到最近发生的事情,就是赛路拉电话公司的事。

当1986年移动通信自由化,车载电话开始出现的时候,我预见到手机、无线电话的时代即将到来。我就向邮政省提出申请,要求第二电电集团一定要参与车载电话事业。

当时,以丰田汽车为中心的企业集团也同时提出申请,要求参与车载电话事业。两家公司要求参与竞争,矛盾不断。频率只有十兆频,将这十兆频一分为二的话,许多客户将无法使用。只有将十兆频并在一起才能开展事业,于是决定将日本列岛按地区划分。

哪家都想要销售效率最高的首都圈。谈判得不出结论，我提出抽签决定，但抽签不被认可，归根到底还得谈判决定。对方是日本移动通信公司（IDO），东京及名古屋地区，即东海道干线这一日本经济的大动脉，它志在必得。我含泪退让，在日本周边的其他地区，即各地方城市开展事业。

这既不是正确判断的结果，也不是抽签的结果，只是在企业和企业之间为了各自利益的争夺和冲突中，我做了让步而已。第二电电的干部们严厉批评我在交涉中过于软弱。当双方只顾坚持自己的利益不肯妥协时，问题无法解决，为此我才不得不让步。但是，我强调"损而后得，负而后胜"，说服了大家，开始移动通信事业。

日本高速通信公司设立日本移动通信公司。对此，第二电电也从关西赛路拉开始，建立了8家电话公司。赛路拉公司在销售总额和利润两方面取得了日本移动通信望尘莫及的良好业绩。虽然日本移动通信占领了日本最中心的东京及名古屋地区，但我们的销售额比它高几成，利润是它的好几十倍。我认为，这不仅仅是我们努力的结果，里面确实有运气的成分，或者说老天的眷顾。

这种比喻似乎是捕风捉影，看重合理性的美国公司干部们难以接受，所以我又讲了如下的故事。

善意并购是业绩提升的关键

当时召集在一起开会的几十名美国干部中，正好有1990年并购的AVX公司的干部，所以我讲了那次合并的事情。

AVX公司是在纽约证券交易所上市的企业，这家企业的社长名叫马歇尔·巴特拉。20世纪60年代初,他在担任甫林启泰翁这家精密陶瓷企业的社长时与我相识。双方是竞争对手。AVX公司在纽约证券交易所上市,京瓷也在纽约上市。

有一次,在与巴特拉会面时,我说:"AVX和京瓷都在生产精密陶瓷的电子零部件,思考今后的全球战略,双方只是一味竞争没有意义。如果可能的话,做一高层次的判断,双方互相合作,是很理想的,两家合并是一件好事。"

他也认为,过去AVX在美国电子工业界虽然获得了成功,但现在也面临许多问题。于是,他回答说:"确实如此,两家应该实现大团结。"这样双方的意见达成一致。

AVX当时的股价一直在1股17~18美元徘徊。京瓷的股票以ADR为单位在纽约上市,日本京瓷的两股股票是1ADR。当时，股价是80美元，以日本原股算，一股40美元，是4000多日元。

我向巴特拉社长提议："贵公司的股价平均大体在17～18美元，算20美元，然后提高50%，以30美元交易如何？"

此后的交涉细节，我现在已记不清了。因为巴特拉先生认为还是太便宜，我就回答他："32美元怎么样？"32美元的股价是AVX这10年来从来没有过的。所以他说："如果用32美元来买我们的股票，作为经营者我当然很高兴。AVX的股东们也会很满意，都会同意合并。"

我又进一步说："在AVX股价决定以后，采取与京瓷的股票交换的形式怎么样？京瓷现在在纽约证券交易所的股价是82美元，以82美元与AVX的32美元换算，确定股数进行交割。就是说，让AVX的股东在合并开始时就成为京瓷的股东好不好？"

巴特拉十分满意。我给出的条件足够优惠，用这么高的价格购买自己的股票，他很高兴，也认可了我的提议。但后来，由双方的律师介入，研究并购细节时，巴特拉又说："32美元还是便宜了，还要提高。"

我方律师一致认为："太过分了，32美元已经高得离谱，还要再提高，简直是得寸进尺，不能同意。"他们拼命说服我不要接受。但是，我再问巴特拉："想要多少？"他说了一个意外的高价格，但经过再三考虑，我回答"可以"，同意了他的条件。

实际上在企业并购的时候，会对对方企业的财产进行彻底的调查，确认所有的资产是不是都如对方所说的真实不虚，再决定收购价格。为此，律师、公证会计师要组成一个小组。如必要，要花费1个月的时间，到各个有关工厂做仔细的调查，针对企业价值的调查结果,再打折扣。一般的并购都这么做。

但是,我认为,既然双方公司的股票都上市交易了,市场价格就是正确的价格,不必再调查了。而且我把对方的股票在市场价格的基础上提高了50%。但对方还要提高,所以我方律师提出异议是理所当然的。

这样说来,我是过分迁就对方了。但是,结果怎样呢?成果十分理想。但是,我并不是估算了后来的结果,才接受不利的收购条件的。自己的公司要出售,价格尽量高一点,同时为了说服股东,价格也要尽可能高一点,这是理所当然的。我站在对方的立场考虑,理解对方的心情,所以才接受了对方的条件。

按理讲,"哪里有这么高的价格?我们以前提议的价格已经太高了"。实际上,要经过所谓尽职调查

（due diligence），由律师、公证会计师调查对方公司的实际情况，查明风险，在资产中扣除。"贵公司的实际价值只有这么多，我们有证据证明。"然后再逼对方降价，进行苛刻的交涉，这是一般商业世界的惯例。

这些都没有做，我只是全盘接受了对方的条件。这样，AVX的干部们就非常满意。

AVX公司位于美国南卡罗来纳州的美特尔海滨，同时在波士顿北部的缅因州沿海地区设有工厂，那是美国最为保守的地区。这么一家公司100%的资本都要归日本企业所有，在被收购的瞬间，干部不用说，连全体员工都会有一种被日本人"夺走"公司的失落感，这是不难理解的。

但是，如刚才所说，我采取高姿态的结果是，干部员工都很高兴，这家企业的股东，包括证券公司，大家都很满意。如果通过苛刻交涉再收购，就会留下不满，即使最后条件优惠，但交涉的过程会留下不愉快的记忆，经营干部们会觉得京瓷很会杀价。这种抱怨的声音如果传下去，会在几千名员工中产生何等消极的影响，是不难想象的。

然而，干部也好，股东也好，都说满意，喜形于色，这种影响会有形无形地传播到几千名员工中去。收购协议签订后，我们去美特尔海滨的公司总部巡视工厂。在工厂里，巴特拉社长和副社长们一起陪伴参观，详细向我介绍有关情况。

在巡视工场的过程中，全体员工们都笑容满面，热情地欢迎我。那么讲究传统的美国东海岸社会，居然上上下下一致欢迎我。"哪里冒出来的不速之客！"极端地说，那些经历过战争的、上了年纪的人难免会想："被我们打败的那个国家的这帮家伙，现在居然成了我们公司的领导，是可忍，孰不可忍。"但是，全体员工没有任何虚饰，都真心欢迎我们。

在员工中，有3位日本出生的人，年龄同我相仿或比我大两三岁。他们是在美军进驻日本时，同美国人结婚后来美国的。他们非常感动，特地买了笔墨，做了横幅，写上"欢迎稻盛会长！"挂在工厂里，表达欢迎之意。当然，当地人也非常开心。结果是并购约5年后，AVX公司销售额增长了2.4倍，利润增长了5.5倍。

一般来说，凡是日本公司收购的企业，后来业绩的提升都很缓慢。不仅如此，被日本公司收购后，业绩跌落的企业也很多。但是，AVX公司被收购后，销售额增加了两倍以上，利润增长将近6倍。收购的AVX公司干部都是MIT和哈佛大学毕业的精英。这些人都很朴实，他们对京瓷的经营班子很尊重、很信任。

美国人对于日本企业，对于日本人，从内心表示信任和尊敬，这种情况之前是没有的。即使被收购，他们也只认为关系对等。所以，谈到哲学的话题，基督教文化圈的反应是："日本的哲学这类东西，为什么我们必须遵循？"他们有抵触情绪，也属理所当然。

我对他们说："运用哲学，在收购中怀着关爱体贴之心，这就营造了今天优秀的AVX公司的基础。对于超越想象的AVX公司的快速发展，我们只能说是幸运。企业合并像我们这样成功的美谈，没有先例。各位，难道你们不是这样想的吗？"

具备优秀的哲学，唤来了如此不可思议的好运，我对美国的干部们就是这么讲的。

我期望，诸位都能具备纯粹的心灵，拼命努力，突破当前的萧条，打开事业的新局面。

要　点

我在创建第二电电时逼问自己："动机善吗？私心无吗？"同时，在平时我就坚持办事光明正大，具备勇气，以敬天爱人的精神处事。这样的心性和思维方式，塑造了第二电电的创业精神，并带来了今天的成功。

○

所谓哲学就是判断基准。这种哲学在成为领导层应该持有的判断基准的同时，要被渗透到员工中去，成为全体员工的判断基准，成为整个企业的精神支柱，营造企业风气。换句话说，这个企业要以这种思维方式营造企业风气，营造企业文化。

○

营造企业风气的，是员工的心灵。所以必须把哲学渗透到员工的内心深处，这样才能营造企业的精神风气，形成公司风气。

○

缺乏企业规范和判断基准，仅仅从经营管理的技术技巧角度思考企业经营，片面追求效率性和合理性，那么有力量、有才能的人，就会恃才傲物、任性放肆、制造问题。

○

不知道做人应有的姿态，不懂得"作为人，何谓正确"，不清楚怎么当干部，怎么当领导，就是说不具备哲学的话，人们的欲望就会无限膨胀。

○

如果不具备"作为人，何谓正确"的判断基准，不具备应该作为行动规范的哲学，那么发挥自己的聪明才智，把工作做得越好的人，就越容易变得傲慢不逊。

○

今天的繁荣,是过去努力的结果;未来的繁荣,要由我们今后如何努力来决定。过去的光荣,绝不能保证将来一定成功!

○

只有将这种经营哲学让全体员工共有,才能营造公司的精神基石。如果只是领导人一个人,那么不管你说得多么漂亮,不管你想得多么美好,与企业的成功还是没有什么关系。只有把经营哲学渗透到每一位员工的心里,才能形成企业的精神风气。

○

一方面是正直、美好,另一方面是包含着裂帛(撕裂绸帛)般尖锐批评的关爱体贴。兼备这两极,并将它作为心灵的基准去经营企业,不仅公司会顺利发展,而且会给整个集团带来巨大的幸运。

○

拥有崇高的、纯粹的、高层次的心灵，满怀热情和诚意做好每一天的工作，满怀喜悦和感谢之心度过每一天，怀抱清纯的、正确的、强烈的目的意识，乐观开朗地生活。确立这样的判断基准和行动规范并将其贯彻实行的团队，不仅因为思想卓越而获得坚实发展，而且神灵一定会赐予它们想象不到的、不可思议的好运。

○

对于今天自己还存在着这一事实，充满喜悦之情；对于绝对的存在，充满感激之情，这样来度过每一天。我认为，抱着这种心态，不但能让我们生活得轻松美好，而且可以唤来幸福和好运。

提高心性，拓展经营

在第一届领导人经营讲座上的讲演
——1995 年 5 月 12 日

　　1995 年 1 月，稻盛出任京都商工会议所会长。为了向培育京瓷公司的京都报恩，稻盛决定举办以京都的企业经营者为对象的培训讲座。稻盛本人作为讲师的一员，做了下述讲演。

　　在讲演中，稻盛阐述了如下观点：经营由经营领导人的思维方式和意志决定。经营者提高心性，就能提升企业业绩。

提高心性，拓展经营

今年（1995年）1月，我作为华歌尔的冢本幸一先生的后任，接受京都商工会议所会长一职。我之所以接受，是因为冢本先生的一番忠告："你使用京都这个名字建立了公司，现在你的事业繁荣昌盛。为了向京都报恩，你理应为京都的经济界尽力。"

因为有这样的忠告，我就思考自己在这一任期中应该做些什么。我希望京都经济界的朋友们到时有这么个评价："那家伙当京都商工会议所会长还说得过去。"同时，我认为，"京都是古都，从建都起已经持续了1200年。京都经济界也有悠久的历史，不能像现在这样停滞不前，应该大大地发展。具体怎么做，我想我很难帮得上什么忙。但至少可以把至今为止我们的想法和做法告诉大家，希望能够对大家的经营有所启示。"为此，我想到了搞一个"领导人讲座"。

提高心性,拓展经营

今天,在讲话开始前,我必须说明,我或许会讲一些非常失礼的话。但出发点是激励大家奋起,所以请大家谅解。

今天我讲演的题目是"提高心性,拓展经营——为什么经营需要哲学"。我并不打算讲什么难懂的概念。我讲的所谓哲学,就是我们所持有的思维方式,或者说人生观。凡是经营者,几乎是必然的,都会思考在经营方面想这么干,想那么干。我把这种想法、思维方式称为哲学。

为什么叫哲学?我认为,为了把企业经营得有声有色,需要高层次的思维方式。对于这种高层次的思维方式,我认为最好称之为哲学。所谓"提高心性",就是磨炼心灵,把思维方式提升到哲学的高度,提升到崇高的精神境界。做不到这一点,就不可能从真正意义上经营好企业。因此,我使用哲学这个词。

企业经营由领导人的思维方式和意志决定

为什么在企业经营中思维方式很重要呢?

诸位都是经营者,经营由领导人持有的思维方式、意志决定。因此,各位的公司经营得不好,不是因为副社长不好,不是因为专务或其他董事不好,更不是因为员工不好。说一句非常失礼的话,不好的原因只有一个,就是作为企业领导人,各位的思维方式有问题,是你们自己的意志薄弱。

首先,企业经营的决定因素是,企业最高领导人是不是持有正确的思维方式,是不是具备经营好企业的强烈意志。

经营也好,做其他事也好,问题的关键是领导人持有的思维方式。人生只有一次,在自己的人生中,你想把公司做成怎样的公司,这是最重要的。

拿我来说,"出生成长在鹿儿岛这个边缘城市,毕业于地方大学,之后来到京都这个世界闻名的城市。我想,人生只有一次,不可能回头重来。人生不可虚度,正因为人生只有一次,所以一定要活出精彩来。我这样一个乡下人,想在京都这个历史文化名城立足、一试身手,就要付出不亚于任何人的、卓有成效的努力。"我当时就是这么想的。

但是,也有人这么想:"人生只有一次,过得那么辛苦操劳,大不划算了。难道不可以更轻松潇洒一点儿吗?这才是成功的幸福人生。"思维方式因人而异,有1000个经营者,就有1000种思维方式。

这种思维方式决定了公司的成败兴亡。头脑里想的东西、思考的东西,都会在现象界,就是在自己企业的实态中显现出来。

然而,没有人意识到这一点。作为经营者,自己的思维方式实际上决定了自己公司的成败兴亡，大家都不这么想。或许有人会说："我自己头脑里想什么，怎么就左右了我公司的成败呢？"但是实际上，正是各位的思考营造了你们自己的公司。

例如，京瓷公司有一个田径队。假设各位也搞一个田径队，如果你们想要培养日本一流的优秀长跑运动员，那就必须进行相应的严格训练。例如，要控制运动员的饮食，否则就会发胖。长跑比赛如果发胖的话，耐力就会下降，所以要严格节制饮食。同时，每天都要坚持非常严酷的训练。看看那些一流教练的做法，我们外人会说："这也练得太苦了，这么大的运动量能受得了吗？"体重减轻了，精瘦精瘦的，没有了脂肪。没有脂肪意味着体力容易耗尽，就是在这种状态下，不管天气多么炎热，都必须跑完42.195公里。

看到这种状况，我们不禁想说："练得太过分了，停一停吧,你们想把运动员毁掉吗?"但是,若想培养一流的选手,严酷的训练必不可少。

我要说的是,瞄准的目标是什么?

在京都,从事纺织品的批发也好,从事别的事业也好,想把自己的公司做成什么样,这是很重要的。从今天开始,京都商工会议所准备了7次系列经营讲演。这当中,各位成功的企业家会发表他们各自富于个性的讲演。也许有人会想:"他们讲他们的那一套,但何必要做得那么辛苦呢。我还是按我的想法做。"

确实,经营企业可以有各种各样的思维方式。但是回到田径训练的话题,如果采用不那么艰苦的训练方法,培养出来的选手在乡村小镇的比赛中也许能获得名次,但参加大城市的比赛就会名落孙山了。至于全国、世界性的比赛,在最初的1公里处就会让前头的团队甩远了。

过去,我曾说过这样的话:"参加马拉松比赛,如果在出了跑道冲上道路那1公里处,已经落后于先头团队,那一切就免谈了。哪怕倒地,至少开始的5公里必须紧跟,最好能跑在前头。"听我这话,有相当经验的教练会说:"那是蛮干!会长,你要累死选手吗?你知道世界一流选手跑1公里花几分钟吗?那样的速度,我们的选手跑5公里,准得累趴下。"

这就是说,要在什么水平上决胜负。

在京都,"我们的公司是百年老店""我的公司创业已经200年""我是第几代社长"这种可以夸耀优秀传统的企业为数不少。社训出色的企业不计其数。但是,我认为,京都在战争中没有遭到破坏,资产留了下来,本来就应该发展得更好更快。说到发展,是

提高心性，拓展经营

在与京都企业的比赛中胜出，在与整个日本企业的比赛中胜出，还是成为世界性企业，在世界性比赛中胜出很重要。也就是说，具备何种思维方式十分重要。

想成为什么样的企业，为了成为这样的企业，必须具备怎样的判断基准，这一点必须认真考虑。拿田径比赛来说，首先要确定想要达到的目标。根据这个目标，考虑"这种程度的训练不够，要加大运动量"，还是"练得这么猛，选手吃不消，还是稍微放松一点儿好"。也就是说，你必须思考多大的训练量才能达到参赛的目标。如果是企业经营，那么想做成一个什么样的企业？为此必须付出什么程度的努力？做出这种判断的就是经营者。

所以，作为经营者判断基准的思维方式非常重要。

公司的业绩就是经营者的意识本身

京瓷公司在开始的时候，要比各位现在的公司小得多，位于京都中京区的西之京原町，借了宫木电机公司的一个仓库。就是说，京瓷曾经是一个很小的企业。过去我经常与一些中小企业的经营者交流，当京瓷发展到某个阶段以后，就有人对我这样讲：

"稻盛先生，你的企业已经做得这么大了，怎么还要从早到晚发狂似地工作？京瓷已经成了一个优秀的企业，积累了相当丰厚的财产，你还如此辛苦操劳。你究竟想赚多少钱才满足呢？"

就我而言，"想赚这么多钱""要把京瓷发展成这种规模"这类想法我压根儿就没有。正因为没有，才会奋斗不止。所以听人对我这么讲，我不免吃了一惊。

仔细思考的话，说这话的先生个人财产已有10亿，公司每年也能做出一两亿的利润，员工人数不多，祖上留下的资产也有5亿。所以，"这么多已经足够了，钱这辈子已经用不完了，何必还要那么辛苦操劳呢？"因为抱有这样的思维方式，所以他就不再上进了。

尽管这么想，但这位先生还是会说："不！我们的公司也要发展。"但要我说的话，这位先生的思维方式本身就阻碍了企业的发展，不过他自己没有意识到而已。

"不发展也行——我可没这么想。我们的公司还是要好好发展的。"他虽然这么说，但另一方面又想："个人资产已有10亿了，不那么辛苦，每年还能有一两亿的利润。"就是说，在他自己的内心深处，在他的潜意识里，他想的是："这规模已经够了，企业不再发展壮大也行。"

虽然如此，但当我正面问他"你怎么考虑公司的前途"时，他回答说："我们的公司也想像京瓷那样发展。稻盛先生，怎样才能快速发展，希望您指教。"但是，这不是一个请人指教后能够解决的问题，而是想要发展的愿望有没有渗透到潜意识的问题。

当了中小企业的社长，如果月薪是200万日元，那么年薪就是2400万日元。这位社长拼命努力，比如做出了5000万日元的利润。这时，他会对税务师说："想想办法吧，能不缴税最好。"我想这是一般的情况。

额头流汗，拼命工作，自己好不容易做出5000万日元的利润。其中一半2500万日元，国家会作为税金收走。自己的月薪是200万日元，早出晚归、汗流浃背、吃苦耐劳一年才挣2400万日元。但什么力也没出，什么忙也没帮，国家、都道府县以及市乡政府就要拿走2500万日元，简直岂有此理。

这实在太不近情理，太让人气愤了。白白让他们拿走，自己不成傻瓜了吗？"自己这么勤奋、这么辛苦，才拿2400万日元，那些家伙什么苦都没吃，什么贡献都没有，为什么有权利拿走比我更多的钱？"即使是明白社会事理的人，也会感到愤慨。

"为什么要让他们拿走？"心怀不满，接下来就会想："税金要拿走这么多，我为他们干活不傻吗？"下面又会想："不妨蒙骗他们。"或者想："辛勤工作的结果要被拿走2500万日元，不值得。所以工作不必那么卖力，适可而止吧。不过自己那2400万日元的工资还是要的，付出的努力只要对得起这份收入就够了。"

拼命工作，作为结果，才产生相应的利润。要努力，又要不很努力，要做到刚好不盈不亏，这是最难的。这与在学校的学习成绩一样，要不留级、刚好及格最难，做一个优等生毕业反而容易些。刚好60分及格，毕业不留级，那是最难的。也就是说，自己那份工资要拿到，又要不出利润不缴税，业绩恰好达到这样的平衡点，其实是最困难的。

还有，想不缴税金，就意味着一旦产生利润的话，反而不好办了。不愿做出利润这个想法进入到潜意识，同时又想把企业做大。许多中小企业的经营者就抱有这种矛盾的心理。在这种情况下，企业不可能发展壮大。

当经营者抱有这种意识时，马上就会传递到员工心里，员工全都清楚是怎么回事。所以，尽管对员工讲"加油加油，努力努力"，员工才不会努力加油呢。加上前面讲到的，"那么辛苦干活，做出利润，被当作税金白白拿走，未免愚蠢。人生只有一次，应该更加轻松愉快才对啊！人生若能及时行乐该多好，我们的公司就走有趣、快乐的路线吧！"人就会这么想的。这种想法、这样的公司本来无可厚非，但在这种水平的思维方式之下，公司也就停留在这个规模、这种水平上了。

另外，因为中小企业没有什么实力，像现在这样不景气时，经营者就会发起牢骚："现在政府的做法不对！地方行政不作为！中小企业很困难，应该给予我们更多的援助，应该给我们低息贷款"，等等。有人把目光集中在外部环境上，抱着这样的思维方式，自己的公司不可能发展。

环境越是严峻，自己的公司越要靠自己来守护，没有人会来帮你。自助努力才是经营的根本。所谓经营，只能取决于经营者所持有的思维方式。

依靠朴实的判断基准，才有了今日的京瓷

不好意思，在这里为了让大家便于理解，我就举自己的例子来做说明。

我于1959年在中京区西之京原町借了宫木电机的仓库，同28名员工一起创办了京都陶瓷这个公司。当时，以宫木电机的专务董事西枝一江先生为主，与社长宫木男也先生、常务董事交川有先生等人出资，资本金共300万日元。另外，西枝专务用自己的家宅做抵押，从京都银行贷款1000万日元，作为企业的流动资金供我使用。资本金300万日元，加上西枝先生个人从京都银行借来的1000万日元，一共1300万日元作为本钱，京瓷公司开始运行。

公司经营一开始首先遇到的问题，就是作为领导人必须承担的沉甸甸的责任。从公司成立那天起，要采购物品，要支付工资，所有的事情部下都要找我商量："这事怎么办？那事如何做？""这可做""那不行"，一件件事情都必须由我做出判断。

每逢这种时刻，我常常感到非常困惑。我出生在一个普通家庭，亲戚中也没有当经营者的，因此无法依靠别人。而我自己呢，当然也没有经营的经验，无法依靠从经验中总结的规则。另外，我的专业是工科，没有学过经济，没有学过财务，所以也不能依赖知识。没有、没有，在一无所有的情况下，我却必须担负起企业领导人的责任。"什么可做，什么不可做"，作为领导人，我必须做出判断。精神上的压力甚至让我感觉一阵阵胃痛。

"自己的判断一旦失误，就会影响到企业的生存。有的事情，判断时不想多思考，但如果那是决定企业命运的事情，不就完了吗？"一想到这里，我就感觉责任重大，以致连日难以入眠。这时，我看到书上"领导人是孤独的"这句话，感触特别深。还有，经营者有些事情还不能与干部、夫人或周围其他人商量，难下决断又必须决断，10万日元、100万日元这种日常的决断也要下，都要自己负责。为做出决断，我往往伤透脑筋、烦恼不堪，而且要在没人商量的孤独中做出决断。我不由得想:"当经营者真是个苦差啊!"

究竟应该怎么做,才能对事情做出正确的判断呢?烦恼之余,我想:"既然我不懂企业经营,那么我就根据'作为人'什么是正确的,什么是不正确的这一条对事情做出判断吧。"就是说,判断事物需要基准,因为我没有别的基准,所以才会这么思考。

我的父母和祖父母只有小学毕业,他们平时教育我"那事不能做!""这事可做!""作为人,那么干不允许!"这些都是非常朴实的道理,讲的就是作为人,何谓正确,何谓错误。另外,加上小学、初中、高中教修身课的老师所教诲的是非善恶,我想就用这些作为判断基准吧。除此之外,我没有别的方法。我既没有毕业于哲学系,又不是毕业于心理学系,我只有这个方法。于是我就决定用父母和老师教我的什么是对的,什么是错的作为判断基准。

但是,我想"如果啰啰唆唆,直接向员工们讲这些,他们或许会讥笑我",我就用"按照原理原则进行判断"这句话来表达。这说法有点抽象,道理似乎明白,又似乎不明白。也就是说,"作为人,从根本上讲,什么是正确,什么是不正确,就基于这一点对事情做出判断。"我就根据这种思考开始经营企业。

现在回过头来看,正因为创业初始从经营的原点出发,确立了这个朴实的判断基准,才有了今天京瓷的成功。如果我曾有过一点儿半点儿经验,或者三四十岁前当过大企业的干部并在某种程度上知道一些经营方法,我就会花心思与人协调,时而妥协博取周围人的好感,热衷于包含这些所谓"社交术"在内的经营方法。我想,如果我按照这类经验去经营企业,最后肯定会失败。

但是,因为缺乏经验,什么都不懂,所以我只能用"作为人,什么是正确,什么是错误"这条原理原则，就集中到这一点，对所有的事情做出判断。现在我深深地感觉到，正因为我生性单纯，不懂社会上那些投机钻营的方法，才会想到这样的判断基准，这真是一件大好事。

我只是一个乡下人，只有地方大学的学历，来到京都，进入位于神足（现在的长京冈市）的松风工业公司，研究开发精密陶瓷产品一共4年。以当时的研究成果为基础，我创立了京瓷，那是1959年。现在的京瓷不但在日本，而且在全世界都有了许多分公司，现在的员工人数是国内15 000人，海外15 000人，共计30 000人。并且，1984年我又创立了第二电电。把我们在世界各地的公司合计计算，销售额已达10 000亿日元，利润达1500亿日元。我想，以零部件为主的生产性企业销售额达10 000亿日元的，十分罕见吧。

我并不是自满自夸。我想告诉大家的是，我不过是一个乡下人，来到京都，建立京瓷公司不过36年，就取得今天这样的结果。原因仅仅只有一个，那就是我把经营判断的基准放在"作为人，何谓正确"这一点上，如此而已。

领导人所持有的思维方式决定了企业的命运，决定了企业的未来，决定了一切。京瓷之所以有今天，就是因为有了上述正确的思维方式。

同时，还有一点很重要，就是经营者的强烈意志。无论如何要让这个公司发展壮大这种强烈的愿望、强烈的意志，将会决定企业的未来。

人生·工作的结果=思维方式×热情×能力

所谓思维方式，换种说法，也可以叫思想，可以叫信念，可以叫人生观，还可以叫处世信条。怎样措辞都可以，关键是究竟想用什么态度来度过人生。

创业刚开始,我就认识到"思维方式"非常重要。依据正确的思维方式经营,京瓷迅猛发展,发展势头超出人们的想象。因此,我就思考:"人生真是不可思议。为什么京瓷的发展会如此顺畅呢?"

"聪明能干的人兴办事业取得骄人的成功,那是理所当然的。但是,我并不那么聪明能干。究竟在哪一点上出彩,人生就能成功呢?"这个问题当时曾经让我伤透了脑筋。而烦恼的结果是,我想出了一个方程式,表达为人生·工作的结果=思维方式×热情×能力。

这是什么意思呢?所谓能力,不仅仅指头脑聪明,它还包括身体具备的能力,比如运动神经、健康状况、强壮程度、力气大小等。我把这些称为能力。

因此,举例来说,运动神经发达的运动员还是以优异的成绩毕业于一流大学的精英,又健康,运动神经又发达,在这之上,加上头脑又很聪明,这个能力就非常之高。如果把能力从 0 分到 100 分打分,那么我们普通人平均也就是 60 分左右,而刚才那样的人可打 90 分。

接着是热情,也可以从 0 分打起,到 100 分为止。

我之所以意识到热情很重要,是因为这样一件事。

我的叔叔从著名小学毕业,喜欢喝烧酒,经常喝醉后自卖自夸:"我在小学时头脑灵,当过班长。"他把我们小孩也知道的县府里的大人物称作"那小子","那小子在小学时,老是淌着鼻涕,脑子很笨。"他就这么贬损县里的父母官。"我的叔叔真了不起!"一片童心的我听了很开心。

但是，再认真一想，这位叔叔什么都不会干，亲戚们都看不起他，嫌弃他，而且他还是个穷光蛋。在叔叔的话里，他好像很伟大，但实际上一点儿都不伟大。这究竟是怎么回事呢？我反复琢磨，后来意识到："学校学习成绩好、头脑聪明的人，未必人生就能成功。"

当时，我想："哈哈！我叔叔吹嘘自己聪明，说自己脑子好，那小子笨，瞧不起人，自以为是而不肯认真做事，才落得让人讨厌的下场。"哪怕小学成绩优秀，高中、大学都获得第一名，如果不认真工作的话，人生也不可能成功。

从前的"狂歌"里有这样的词："世上躺着享受最快乐，只有傻瓜早起忙不停。"过去头脑聪明的人大体都会这么想："我脑子好，所以躺着就行，只有蠢蛋才需要半夜起身干活。"

但是，看着叔叔的样子，我产生了相反的想法："哈哈！陷阱就在这里！光是头脑聪明还不行，就是应该像傻瓜一样，付出常人几倍的努力。这种勤奋和热情非常重要。"

对我来说，十分幸运的是，我没有毕业于名牌大学。

另外，只会讲鹿儿岛方言也是好事。因为入职的公司是京都的公司，大家都会讲一口流利的京都话。我说不好，所以觉得即使比我年轻的人，也都不简单。有这种自卑感，标准的普通话讲不来，京都话更不会讲，脑子里想说什么时鹿儿岛方言就冒，想咽下去翻译成普通话再说，结果吞吞吐吐、结结巴巴。所以看别人讲京都话那么流利，我就觉得他们挺伟大的。

打电话也怕，在去京都以前，我周围没有电话机，家里自然没有，也没有有电话机的亲戚。电话铃响，我去接时，对方讲"喂，喂"，必须应答。但是，因为没打过电话，所以冒出来的全是鹿儿岛土话。所以，电话声一响，我就会产生恐惧感。

"细想一下，觉得城市人了不起、真聪明"，只要看他们的脸，就是一副聪明相，凡事反应都很快，不像我这个乡下人傻乎乎的。当时我就抱有这种劣等感。

因为这种状态，我想："或许我没有多大能力，那么就拿出比名牌大学来的人、京都人多几倍的热情拼命工作吧！"

为什么方程式用的是乘法？因为用加法的话，怎么算都不合逻辑。例如，关于能力的分数，名牌大学第一名毕业的高才生可以打90分。但他因为脑子好，不肯努力工作，热情只有30分。两者相加，90加30

等于120。另一方面,原来没有太大能力,只能打60分的人,却努力工作。虽然与更勤奋的人相比,也不算特别努力,但分数已是那位名牌大学生的两倍,即60分。加上这个人的能力60分,也是120分,与那位头脑聪明却不努力的人分数一样。但如果相乘的话,90×30=2700,60×60=3600,两者的差别就很大。

"哈哈!这不是加法,而是乘法,所以人与人的人生之差才会那么大。松下幸之助先生和三洋电机的井植岁男先生都只进过小学,能做出这么大的成就,道理就在这里。为弥补不足而付出的努力要乘上能力,差距才会这么大。"

再接下来,思维方式是一个特别重要的要素。实际上,它可以从 -100 分到 +100 分。就是说,即使具备杰出的能力,又充满干劲拼命努力,但思维方式是负数的话,因为是乘积,结果就是一个负数。

有的人有能力，有热情，但是认为："人生没有意思，世道不公。本来应该校正社会不良倾向的政治家也昏了头，只考虑自己的利益，为了谋利不择手段。既然社会这么腐败，老实人总受欺负，自己干脆也走邪门歪道吧。"于是，当上了小偷，结果就成了石川五右卫门那样的神偷。神偷也是小偷，思维方式是负数，人生结果也成了负数。

中小企业的经营者们在经营遭遇瓶颈时，总是唠唠叨叨发牢骚。"经营不好是因为政府的政策不对"，但是埋怨别人就像对天吐口水，最后会全部回到自己脸上，一点儿用处也没有。尽管如此，有的人还是满腹牢骚。与其这样，有时间发泄不满，还不如脚踏实地拼命工作。

当社长的，即使不是坏人，但是整天啰啰唆唆、牢骚不断，他的公司也好不到哪里去。

神灵总是平等的，让每个人都能度过幸福的人生。每个人也都能够度过幸福的人生，苦难不会没完没了。不过，要想让神灵赐予幸福的人生，就要对自己现在所处的状况表示感谢，必须乐观、拼命地付出努力。神灵只对这样的人报以微笑，给予其好运。

"岂有此理，这是信口胡说！"也许有人这么想。但是，首先请你相信这一点，这是真实不虚的。

所以，思维方式有负面的，有正面的。扭曲的思维方式不可取，应该抱着开朗、积极的思维方式度过人生。

人用"心"判断事物

想要拥有正确的思维方式，这层意思我用"提高心性"来表示。

"提高心性"就是提升人性，提升人的品格，就是要具备可以称之为哲学的崇高的思想、思维方式。"提高心性"的说法就用在这些方面。

那么，为什么需要具备如此崇高的思想和品格呢？

刚才讲到，在公司创建初期，首先碰到的是"这可做，那不可做"这样的判断。用我常用的语言就是，公司现在的情况是公司领导人从上任以来到现在为止不断判断积累的结果。像堆石头一样，石堆就是石头不断累积的结果。也就是说，经营判断的叠加形成了现在的公司。

如果前五次判断正确，但第六次判断错了，堆积的石头就会一下子塌陷。不一定一塌到底，可能塌了一半，只能从那儿再往上堆。如果说你的公司发展不好，是因为在这过程中有几次大的判断失误，石头塌了，堆了又塌，这样的堆法徒劳无功。所以，判断非常重要。

那么，判断在哪里进行？不是在头脑里，而是在心里。人都是用"心"判断的。说到心，这心在哪里呢？我也不知道。但判断不是用头脑，这是事实。

如果是用心做判断，那么心是一种什么结构就成了问题。我想谈一谈我对这个问题的思考，它可能是非常独断的、充满偏见的观点。

不能用本能、感觉、感情、理性进行判断

我形容心像一个足球一样是球形，呈现多重结构。在这个球形最中心的部分，我认为存在着灵魂，不过也许有人不相信灵魂的存在。我认为，灵魂外面覆盖着很多要素，最外面的一层就是本能。

为什么本能位于最外侧？婴儿出生后，就会拼命靠近母亲的乳房吸奶。吸奶这个动作不是学习后掌握的，是为了维护自己的肉体，婴儿天生就知道的。这样，最早出现的心就是本能。刚才举了婴儿的例子，所谓本能，就是为了维护我们的肉体，神灵赋予我们的心。有食欲也是为了维护肉体，有性欲是为了留下子孙，就是制造自己的替身。

还有，遭遇外敌袭击，涌起斗争心，是为了保护自己的肉体不受外敌侵害。这样的本能全部是为了自己。为了自己就是利己，在英语里叫作ego。

为了守护肉体，ego是必需的。其证据是，在我们的肉体内流淌的血液中有白细胞。一旦有细菌或病毒入侵，白细胞就会对来敌展开猛烈进攻，杀死它们。这时，造血干细胞不断制造白细胞。与正常时相比，白细胞会大量增殖，来与细菌、病毒作战。但这时，我们的头脑什么都没有思考。

无论是细菌入侵还是病毒入侵,我们都一无所知。虽然我们没有意识,但身体中的白细胞却被制造出来,为守护我们的肉体而奋力战斗,这就是本能。

这样的本能是为了守护和维持肉体,神灵赐予我们的利己的东西。首先,我们把这作为前提。

这样的话,在公司里部下来商量事情,如果是没有受过任何培训的人,他首先会用本能、ego判断,这是可以理解的。"究竟赚钱不赚钱,你要说清楚!"各位会对部下这么说,也就是说,只讲得失。

"能赚吗?真的能赚,那你就干吧!"你仅用本能、ego判断事物,允许他干。但如果亏了,你就会发火:"你蠢啊!"这就是我们日常做的以本能为基准的判断。我们就这样经营企业。

像剥洋葱一样,将最外层的本能撕去,下面的就是"感觉心"。所谓感觉,就是看、听等五感。

使用五感判断，比如一张音乐的CD是买还是不买，在做判断时，会说："这个音乐好听，就买这张CD吧！"这是我们使用五感中的听觉做判断。

还有，看见一张好的画，会说："这张画很漂亮。虽然不是有名画家的作品，只是二流画家画的，但我感觉不错，就买这张吧！"我们在这么想的时候，是用五感中的视觉做了决定。

但有趣的是，在用感觉做判断时基准是经常变化的。在不成熟时，哪怕是蹩脚的指挥制作的唱片，我们也会认为是好东西。但听力慢慢灵敏以后，我们就会说："那唱片不好，某某交响乐团在某年某月某地演奏的CD可好听啦！"我们对音乐的感觉发生了变化，也就是说，听觉的判断基准变了。

视觉也一样，在座各位中或许有喜欢画，经常买画的人。开始时便宜货也能满足，但一流的画作看多了以后，眼界高了，就会觉得："以前买的那种便宜货不值得一看！"

换句话说，由感觉来的判断基准，绝不会像"作为人，何谓正确"的基准那么固定不变。它会因时间和经验不同而发生变化。这就是依据五感、感觉的判断力。

把这个感觉，像剥洋葱一样再剥一层，下面就是"感情心"。在不知不觉中，我们会任凭好恶这种感情对事情做出判断。比如，看着部下的脸说："你这张面孔，我看都不想看，一副贫相！"毫无道理，只凭感情做判断的情形非常之多。因为任性随意，昨天还看着不顺眼，"这张脸我不想看"，但今天因某事忽然又来表扬他。

这种以感情为基准的判断一点儿都不稳定。感情这东西，会因那天的心情而发生变化，所以不能成为判断的基准。尽管如此,我们还是会使用感情做出判断。

"我可不是那种随意任性的经营者。"这么说来,再剥一层洋葱,下面出现的是"理性心"。

理性是用大脑皮层分析事物,对事物进行逻辑推理的心。"做这样的分析,这样的事实就能明了",用归纳法和演绎法进行分析,能够构筑逻辑的,就是理性。

依据理性如实分析事实,在分析过的事实中建立逻辑,这一点可以做到,但理性却不能进行判断。

合适的例子是,各位的公司里有优秀的大学出身的干部,给他们某个课题,他们会使用理性进行符合逻辑的分析,然后会拿出报告书,向你们汇报"如果这么做,就会有这个结果"。你再叫他做进一步的说明,他们也能做出有说服力的解释。但当你问他:"那么，究竟怎么做呢？"

他们就会回答："怎么做，是你社长决定的事。我们只是调查分析，究竟采取哪种方案，得由社长你来决定。"就是说，理性这个基准，它决定不了事情。

你的灵魂知道"何谓正确"

"理性不行的话"，把洋葱再往下剥一层。一层一层，似乎心的层次很多，但在最终处，灵魂就出来了。所谓灵魂，就是你本身，就是你的本质。对人的本质一直追问到底，在佛教就叫作"空"，在瑜伽就叫作"真我"，或者叫作"只能称之为'存在'的东西"。

换种说法就是灵魂，灵魂在宗教和哲学的世界里是理所当然的存在，一般人却不太理解。灵魂没有个人差别，我的灵魂和你的灵魂完全一样。

然而，当我们降临人世的时候，神灵让我们背负着各自的肉体而来，所以每个人的能力不同，面孔也不同。地球上有几十亿人口，每个人都不一样。虽然原有的灵魂相同，但如果其他素质都相同的话，社会就无法成立，所以差异是自然形成的。

自己现有的能力是偶然被赋予的。生来不聪明，不是你的责任。头脑好使的人、不好使的人，健康的人、病人，没有各种各样的差异，社会就不能成立，所以神灵制造了这种差异。但本质是大家生来平等，大家的灵魂都是相同的。

例如，通过瑜伽、冥想或者坐禅让心静寂下来，追问自己究竟是什么，这样的人得出的结论都相同。他们认为，不仅人的灵魂相同，而且森罗万象，山也好，川也好，草也好，木也好，创造它们的根源都相同。从哲学和宗教上研究把握这种事物的本质，其实就是宗教家做的工作。

每个人都平等持有的灵魂，也就是人的本质是什么？答案是很清楚的，每个宗教家都在倡导，那就是"真善美"。我们那个时代的小学、初中都用"真善美"这个词。凡是人，都会被"真善美"所吸引。我们喜欢真实，是因为我们的灵魂是真实的；我们要行善，是因为我们的灵魂本来就是善的；我们会被美好的事物吸引，是因为我们的灵魂本来就是美好的。

关于灵魂，没有必要把它想得复杂难懂，用"真善美"三个字表达就可以了，就是公平、公正、诚实，充满爱和勇气，充满体贴与和谐。

我在前面讲到，在创建京瓷时，我把父母、祖父母、学校老师所教诲的作为人可做的和不可做的作为判断基准。我又称之为"原理原则"。

就是这样,我把初中也没有上过的父母亲斥责我时给我的教训作为基准。其实,这个问题只要叩问自己的灵魂就够了。灵魂本身,不管是谁的灵魂,都是美丽的、清纯的、庄严的。何谓正确,灵魂知道。

所以,在判断事物的时候,我们不是用本能判断,不是用感觉判断,也不是用感情判断,当然更不是用理性判断,而是对照灵魂进行判断。

至少一天静心20分钟

今天,我拖着疲惫的身躯赶到这里,现在在讲话的过程中来了精神。从东京经过名古屋赶来京都,简直是忙煞人的紧张日程,没有心灵休息的空闲。

对于你们各位的情况,我想多半是因为太忙而焦躁。焦躁的状态下绝对搞不好经营，静心是必需的。无论是哲学家还是宗教家，都劝我们静心，一天20分钟也行，把焦躁不安之心镇静下来。

当然，以不亚于任何人的、压倒一切困难的气势投入工作是必需的。工作不是"轻松潇洒、悠哉游哉"那样的事情。

企业经营是残酷的竞争，需要不亚于任何格斗士的激烈的斗魂，所以那些半吊子的人不适合搞经营。经营需要不同凡响的勇气和胆量，不管竞争对手是多么强壮的彪形大汉，哪怕明知自己会失败，即使紧紧搂住他，也要有战斗到底的勇气。缺乏这种程度的精神力量，就搞不好经营。

怀抱如此勇猛的气魄，争分夺秒全力投入工作，在这种状态中，至少一天20分钟的静心时间是必要的。越是在紧张的氛围中工作生活，就越需要通过静心来触及自己的灵魂。

有的人用坐禅的方法,有的人用冥想的方法,目的是把心沉静下来。常有企业经营者去禅宗的寺院拜师参禅,也是为了静心。不静心,不把心镇住,就无法触及灵魂。

灵魂、心灵可以用"真善美"这个词表达。因为这个灵魂知道什么是正确的,什么是不正确的,所以只要触及灵魂,人就会向着正确的方向行动。在灵魂层面上经营,企业就顺利。

灵魂这个东西,再换一种表达方式,就是爱。佛教也好,其他宗教也好,世界性的大宗教家从根本上讲无不提倡爱,灵魂就是爱。

说到爱是什么,解释起来有点儿难,但我想只要把爱理解为同情、体谅就可以了。

同情、体谅是与本能和ego相对的利他之心。换言之,即使牺牲自己,也要为他人尽力,灵魂原本就是这么美好的东西。

我们经营者在严酷的炼狱场中生存,特别是中小企业、细微企业,稍稍疏忽就可能导致破产,一点儿迟疑订单就会被同行抢走,利润迅速化为泡影。但是,即使身处如此残酷的炼狱场,至少在判断的那一瞬间,也要回到灵魂层面,用"真善美"这种利他之心做出判断。

正因为处在通过激烈竞争追求利润的炼狱场中,才更需要持有利他之心。做生意做买卖,大家都知道,只想自己赚钱而长期成功的,没有前例。想通过卖东西赚钱,就要让买的人满意,否则无法持续。客人上当买了不好的东西,一次的话会想"我真傻,上了当",但第二次就不会再受骗,不会再买。"客人买到了好东西,很高兴。托客人的福,我们也赚到了钱。"只有这么想,生意才能持续。只有自己赚钱的买卖,一次或许可能,长期持续是不可能的。这些道理大家应该都懂。

做生意需要利他之心,说得极端一点儿,要把自己的事情置之度外,只考虑买东西的客人,努力让客人开心满意。用利他之心做生意,自然就能赚到足够的钱。俗话说"好心有好报",意思是为别人做好事,不仅帮助了别人,也是帮助自己,好报一定会返回到自己身上。这是人世间的真理。所以极端地说,只要在灵魂的层面上做出判断,事情就能成功。

全体员工对哲学产生共鸣了吗

我在讲"提高心性,拓展经营,为什么经营需要哲学"时,哲学这个词的意思是发自灵魂的崇高的思维方式。要把这种高层次的思维方式当作公司信条,要这样来经营企业。

但是,当我们说把崇高的思维方式当作公司信条来经营企业时,因为我们自己没有经过训练,不能有效实践,所以工作和经营仍然不能顺利推进。因为我们是人,人的本能、感觉、感情并不能轻易摆脱,一不小心,在那一瞬间,还会用本能、感觉、感情做出判断。大家一走出这个会场,马上就会回到本能,由本能判断好坏。

在这里听我讲话,"果然说得对",即使大家真的这么想,但是,当你们走出会场的瞬间就会忘记。我们人往往就是这么愚不可及。

"你讲得这么好听、这么神圣,那你自己做到了吗?"如果问我这个问题,那么我的回答是:"我也没能做到。"虽然没能做到,但我比大家稍微高明一点儿的是,我在不断地反省。我认为,应该每天都要反省。我在每天早晨起床后,在洗脸的时候实践这一条。说起来很难为情,我的妻子或许也会听到,我会大声说:"神啊!对不起!"这就好像是另一个自己在严厉地斥责我:"你太不像话啦!"有时我又会说:"神啊!谢谢您!"

这样的反省必须每天都做。因此,我知道,我虽然嘴上说得漂亮,但我绝不是一个洁白无瑕的人。我们人都被本能浸染,完全脱离了本能的纯洁无瑕的人并不存在。厌恶被本能支配,想从本能处逃离一点儿,逃开一点儿,总这么想的话,有时就能逃离。但我也不是一个总能抑制住本能的人。

我希望大家努力提升自己的思想境界,提升到我们的灵魂所知道的那个崇高的位置。如果不这样,放置不管,立即就会回到本能、感觉、感情的层次对事情做出判断。"这样可不行!不可以这样!"经常自己对自己这么说。只要反复进行这样的反省,渐渐地,

提高心性，拓展经营

我们就能够做出正确的、卓越的判断，公司经营就能够顺利推进。

我就是这样一边思考，一边经营京瓷公司的，所以京瓷一路顺利发展到今天。所以我强调，在企业经营中哲学才是重要的。

技术优良、销售厉害、经营管理到位、财务制度健全，是这些决定了企业的繁荣吗？不是的。我认为，企业经营的好坏取决于企业具备什么样的哲学，企业领导与企业员工共有什么样的哲学，以及让全体员工共鸣的是什么样的哲学。

所以，如我刚才所说，总结优秀的思维方式，把它作为公司的信条，明文化，编制手册，指导员工学习实行。同时，对员工表明："我要更新观念，从今天开始，我要以这种思维方式经营企业"。手册上写得很漂亮，但还没实行，所以从员工看来完全是形式主义,"我们社长晨会时讲的那一套很好听,但一到午后,他做的完全是另外一套"。所以,要对员工说:"我每天反省,不想再说一套做一套,但我也是人,不可能立地成佛,所以,当我做得不对时,你们要提醒我,批评我。"

让哲学"血肉化"

要把哲学作为企业信条,背得滚瓜烂熟,哲学必须"血肉化"。做不到"血肉化",哲学在日常的言行中就体现不出来。但是,我们凡人做不到这一点。所以,我们要随时随地告诫自己,做得不到位的地方要努力纠正。可能的话,我们要向全体员工提出强烈诉求,要求大家都按这个方针办。

因为我觉得应该这么做,所以把这些思想归纳成手册,命名为《京瓷哲学》,分发给全体员工。发下去,只是"读"的话,没有意义,而且很快就会忘记。所以,编制手册,交给大家,努力说明。但是,光是"说",效果还是不明显。

于是,我就想到举办"酒话会"。每次召集约50名员工,准备一些酒和简单的下酒菜,团团围坐,开始搞"酒话会"。"好了好了,别发牢骚了,喝酒喝酒!"一杯酒下肚,气氛放松、心扉打开:"咳!你呀!"我就开始讲哲学。为了让尽可能多的人赞同《京瓷哲学》,我就这样制造各种机会给大家讲授哲学。公司因此发展顺利,我觉得哲学确实太重要了。

但是,我一讲哲学重要,从名牌大学毕业进入公司技术部门的员工就会说:"社长,你把'哲学'当口头禅,但实际上,京瓷是因为有技术才繁荣的。你开口闭口'哲学哲学',一喝酒就说:'喂!你们听我讲!'你这一套不会让公司变大,是我们的脑子好,才让公司发展顺利。"他们就这样反驳我,越是知识精英，越会来这一套。

"公司连思想也要强加于人吗？"

"不是，不是把思想强加于你们。到了我这个年龄，就会懂得人生是由思维方式决定的。有没有好的思维方式，人生真的不一样。这不是强加于人，你们也不要认为受到了什么管制，因为我只是告诉你们。为你们自己着想，这种思维方式可取不可取？"

"持有哪种思维方式是个人的自由，进入京瓷，连思想也要受管制吗？"

他们这么抵触，我很困惑。尽管如此，我还是拼命说服他们。

不断追问自己："动机善吗？私心无吗？"

我是精密陶瓷的专业技术人员，但是对通信事业一无所知,所以一般人认为第二电电不可能成功。因为有这样的事情,所以从10几年前开始,我就有了创建第二电电的想法。

作为外行,我与通信事业发生关系的契机是,我在商工会议所担任高度信息化社会委员会的委员长。当时有机会请了电电公社的一位技术干部,即现任第二电电副社长的千本幸生先生,来给我们商工会议所的会员们做讲演,讲解高度信息化社会的发展趋势。由我主持会议,千本先生滔滔不绝,讲述有关高度信息化社会的情形。但内容不外乎超LSI(大规模集成电路)的事情,而LSI这一半导体的世界是我的专业领域,可以说我更加了解。

讲演结束后,在接待室,我说:"谢谢您,辛苦了。讲演费不多,请笑纳。"交谈之间,我觉得千本是一个心直口快的人。我说:"自明治维新以来,作为垄断企业,电电公社的体质同今后的高度信息化社会之间，一定会产生严重的问题。"听我这么说，千本立即回答："我虽然是电电公社的干部，但我的想法跟你一样。要给日本带来一个高度信息化的社会，无论如何必须在通信行业掀起一场革命。"

我说："最近真藤先生就任电电公社的总裁，正在策划民营化，并说将会允许新的企业加入通信事业，这样的时代即将到来。我也正在探讨加入事宜，到时能请您帮忙吗？"

"稻盛先生，这是真的吗？如果您真想干，能让我助您一臂之力吗？"

"你是说你可以从电电公社辞职吗？"

"如果需要，辞职也行。"

就这样，千本先生离开了电电公社进入京瓷。同时，每个周末在位于京都东山的京瓷接待所"和轮庵"，我们召集了几位有相同志向的年轻技术员，开始了学习会活动。

但是,调查越是深入,我们就越觉得要向销售额高达4万亿日元的电电公社从正面发起挑战,简直是疯狂的行为。当时连大企业都不敢出手,而我们却在拼命探讨各种可能的参与方法。

关于当时的通话费用,在日本,最长距离的长途电话每3分钟要400日元。我想大家还记得,当时打公共电话,10日元的硬币需要不断向电话机里送。现在的第二电电每3分钟只要170日元,今后我估计会达到100日元。当时高得离谱的长途电话费用,由于我们的介入已经大幅度下降。

我很早就认为:"收取如此高昂的服务费,垄断企业太可恶,希望日本有新的力量介入,导入竞争原理,借以减少一般大众的通话负担。"

但是,这件事情要由我自己来做,过去连想都没有想过。我认为,大企业以经团连为核心组成联盟参加竞争就行了。然而,日本经济界谁也不肯作声。既然如此,"为了社会正义,就让我来干吧!"我动了这样的念头。

因为我这么想了,在遇到千本先生时就说出了"我想参与"的话,不料千本一听也来了劲,"那就干吧!"但是,一问别人,都说会失败,问100个人,100个人说失败。而且,这种事业不是儿戏,一旦失败,就是巨额损失。

"稍稍染指,失败就撤退的话,最低的损失也要1000亿日元吧,所以连大企业、大商社、大银行也不敢轻举妄动。"

然而,让我越想越气愤的是,3分钟400日元同哪个国家比,都高得出格。电电公社这种"斩你没商量"的做法,我的侠义心、正义感无法容忍。"不管怎样也要参与！"我开始有了强烈的动机。这个想法同千本等年轻技术人员一讲，他们马上响应，一齐说："干吧！干吧！"但一回到家，转念又想："算了，还是别干吧，风险实在太大了！"

有时，在思考某件事情时，我常会问自己："这是不是恶魔在悄悄地引诱你呢？"朋友或客户提出有好的赚钱机会时，我首先是不相信。他们越是绘声绘色，我越会对自己说："这是恶魔的引诱，恶魔扮着微笑的面孔在靠近我。"把人家赚钱的提议当作恶魔的诱惑，我就是这么一种谨慎的性格。所以一面想"干吧干吧"，一面又觉得非常危险，担心不安。

但是，"一定要把民众的长途电话费用降下来"这一想法越来越强烈。于是，我就问自己："动机善吗？私心无吗？"就是问："你想要创办第二电电，你的动机是善的吗？有没有想博得别人喝彩的私心呢？是不是想沽名钓誉呢？"哪怕喝醉了酒回到家里，我也一定会在睡觉前,闭着眼问自己:"动机善吗?私心无吗?"天天如此。

"你说你一定要创办第二电电,你的动机真的纯粹吗?是不是因为京瓷公司发展得不错,你就过分相信自己,要在众人面前逞能,所以才想办新企业?"我就这样彻底地追问自己的动机。

最后,我确认了自己的动机是纯粹的,没有私心。为此,我花费了好几个月。

第二电电的成功证明了思维方式的重要性

然后,我在京瓷的董事会上正式提出"要办新的电信电话公司"。干部们一听就说:"我们已经感觉到社长似乎有这方面的动向,但没想到你会真的提出要干,还是打消你的冲动,不干为好。"

"也许会失败,据说一旦失败就要损失1000亿日元。京瓷公司建立以来20多年中,公司积累了1500亿日元的现金。这个钱是以我为中心,大家共同努力赚来的,哪怕减少1000亿也没关系,还剩下500亿呢。为了让这个社会变好,请同意我使用这1000亿日元。"

"那是莽撞!你或许把希望寄托在几个年轻的通信技术专家身上。但社长,你自己是外行啊!对通信事业,你不是一无所知吗?学个一年半载也成不了专家,你这是鲁莽无谋!"

"不对!我有哲学。京瓷能有今天,不是因为技术优秀,而是因为京瓷公司具备京瓷哲学,才会顺利发展到今天。我不是一直这么讲的吗?我要把哲学当作武器来经营好第二电电。对于通信事业,我确实是一个十足的外行。我起用年轻的技术人员。如果我获得了成功,那时候你们就应该相信,领导人持有的思维方式、哲学的力量多么巨大。迄今为止，当我一说'哲学'时，你们就说：'社长，你说什么呢！因为我们的技术员技术开发成功，才有京瓷的顺利发展。''社长，你又说教了，又教条主义了。''社长，你怎么尽说些类似新宗教的话？'你们总是把我当作傻瓜，总是把我的话当作耳边风。如果我把第二电电做成了，你们就没话讲了吧，就没有那么多牢骚了吧！"

我这么一说，大家都笑了。而第二电电最终的结果，大家现在也都知道了。

当我表明要加入通信事业时，很快国铁也举手要求参与，并建立了现在的 TEREKOMU 公司。国铁为了运行日本全国的列车，必须制定列车时刻表并按时刻表行驶。为此，它拥有纵贯日本列岛的通信队伍，铺设了铁路专用的通信网络，同时拥有许多专业的通信技术人才。

提高心性，拓展经营

国铁内部的通信完全不依靠电电公社。从前，一到车站就可以拨动回转式电话，那不是电电公社的。国铁一贯使用自己构筑的电话网络，它原本就具备通信技术。所以，当我提出要建立从东京到名古屋、京都、大阪的东名阪远距离通信网络时，国铁第一个做出反应："我们具备通信技术，只要沿着新干线侧沟铺设光缆，很容易构筑通信网络。"基于这种想法，国铁宣布拿出资本金，设立TEREKOMU通信公司。

其实，我和千本先生等人讨论时就想到过这个方法，即取得国铁同意，在新干线侧沟铺设光缆。所以一听到国铁也要参与，我们就想："果然国铁也很敏锐，不会错过机会。"于是，我们立即去请求国铁，帮助我们再铺一条光缆。我们与当时的国铁总裁素不相识，却硬是要求同他见面。

"再铺一条光缆并不需要多大的地方，我们支付租借费用,让我们也铺一条吧!"在我提出要求后,当时的国铁总裁一口回绝,他说:"你怎么会提出这种要求?因为我们建立的是国铁的子公司,我们才会铺设光缆。你们同我们毫不相干,我们为什么一定要为你们也铺一条光缆呢?"

我这么说:"你这话没道理。国铁的资产是国家的资产吧,国家的资产只允许自己的子公司一家用,这不对吧!既然能被 A 用,应该也能让 B 和 C 用,这才算光明正大。只准 A 用不准 B 用,在讲究社会正义的美国必定触犯垄断法。强者不允许弱者使用,这种做法居然通行无阻,这样的日本社会不正常!"

尽管我据理力争,但这种事在日本却投诉无门。为了说服国铁总裁,我费尽了口舌,他却无动于衷,结果只好无功而返。

从国铁归来，我失望至极。雪上加霜，这次传来的信息是，道路公团和建设省也要铺设光缆。因为东名、名神高速公路已经开通，"只要沿着高速公路的中央分离带铺设光缆就行了"。这个消息一经广播，我立即赶到建设省。建设大臣对我说："专门为你们铺设光缆不可能，因为这是建设省的财产。不过，等我们铺设好了光缆，可以租给你们。"

在通信行业，自己只做设施，将设施租给搞通信的人用，这种事业叫作零种事业。像我们现在自己具备设施，自己经营的事业叫作第一种事业。开始时，他们觉得搞"零种事业也行"，但后来建设省和道路公团逐渐也对长途通信事业产生了兴趣。"与其把光缆租给别人，不如干脆自己经营"，于是他们设立了日本高速通信公司，把我们赶了出去。

结果，任何基础设施都不让我们使用。当时报纸上的论调是："第一个举手的第二电电处境可怜，没有任何基础设施。国铁可以沿着新干线，道路公团可以沿着高速公路铺设光缆。第二电电一筹莫展，很快就会失败。"

本来建设通信网络有四种方法。沿着新干线和高速公路铺设如果行不通的话，下一个方法就是考虑构筑微波通信网络，为此要在日本列岛的山顶上一个接一个地竖起抛物面天线。

但是，这个方法也有问题。实际上，电电公社在整个日本列岛都架设了抛物面天线，加上自卫队和警察的无线微波，再加上美军的无线通信。在这种情况下，随意架设天线，建设无线通信网络，引起混线就成了一个大问题。所以，我们必须探讨通过什么途径才不至于引起电波干扰。

但是，电波通过的路径让人知晓的话，可能会遭到破坏，所以属于绝密。因此，我们必须完全依靠自己的力量去调查电波的走向,找到不引起干扰的路径。直接拉直线当然方便,但为了不干扰,必须从这山到那山绕圈子。

但是,调查电波路径就会触及美军的军事机密。正当我们陷入绝境时,当时电电公社的总裁真藤先生看不过去了,他来电话说:"稻盛先生,其实我们电电公社还有一条东名阪的无线通信线路可以架设。因为电电公社正在铺设光缆网,无线已用不上了,这多余的一条可以给你。"

这真是雪中送炭,太感谢真藤先生了。我们拿到了有关资料,年轻的员工们按照这个路径建筑抛物面天线,在山顶上竖起大型铁塔,架设抛物面天线。一个抛物面天线的直径有3米的、4米的。因为工期紧张,不能慢慢搬运上山,就使用搬运重物的直升机吊运一个山头一个山头架设。

年轻的员工们真是可怜。夏天炎热,又在山上,他们被蚊虫叮咬,脸上满是红疙瘩;冬天还必须在寒风飞雪中作业。国铁和道路公团可以用简单的方法铺设光缆,但我们的年轻人用拼命精神,很快架设起抛物面天线的无线通信线路。

众所周知,现在在新参与的三家通信公司中第二电电名列第一,销售额第一,利润也第一。

国铁不但在基础设施上具备优势,而且可以发挥整个组织的力量获取客户。国铁虽然经过民营化改革后变成了JR,但JR每年都要采购大量的物资。他们会对物资供应商说:"请你使用日本TEREKOMU的电话,否则不从你那里进货!"同样,建设省和道路公团因为大量使用与建筑有关的公司,也靠人情和关系获取客户。

与此相反,京瓷采购的物资有限,无法强制客人

提高心性,拓展经营

一定要使用第二电电的系统。我们必须一个劲儿低头鞠躬,凭诚意获得客户。

舆论认为:"第二电电要设置抛物面天线,构筑无线通信网络,而另外两家公司基础设施的成本很低,并且在获取客户方面具备绝对优势。所以虽然遗憾,第二电电还是会在经营上败给它们。"

然而,第二电电的经营非常出色,在新电电中独占鳌头。今年第二电电的销售额约为 3500 亿日元,利润达 300 亿日元。第二电电旗下的移动电话公司赛路拉有 8 家分公司,第二电电占 65% 的股份。赛路拉的 8 家分公司合计,今年的销售额达 2000 亿日元,利润达 400 亿日元。国铁的 TEREKOMU 公司和建设省、道路公团的高速通信公司都没有移动通信子公司,只有第二电电有子公司,各子公司都经营得有声有色。

听起来好像是自卖自夸，但是我想说的是：冒着损失1000亿日元的巨大风险，在背负着巨大不利条件的情况下，仅仅依靠哲学、思维方式，只靠这一条决胜负，结果果然取得了卓越的成功。

在成功的事实明朗的时候，我对京瓷的董事、干部们说了下面一番话：

"思维方式多么重要，这下你们应该明白了吧。思维方式稍有变化，人生就会发生很大的变化。希望大家务必理解这一点，现在开始理解也不算迟。只要改变思维方式，人生就会变得美好。我在迄今为止的人生中领悟到了这一真理，如果只是我一个人拥有，未免太可惜了。我希望更多的人明白思维方式的重要性。"

为了日本社会的繁荣

京瓷能够在京都这个地方得到各方面的关照，顺利发展到今天,我总是怀着感恩之心,总是想着该如何报恩。我想,在我 63 年的人生中,在我的经验中,如果有什么可以帮到大家的,可以给大家启示的,我一定毫无保留,和盘托出。其目的只有一个,就是期望各位的公司能够发展得更好。

各位的公司繁荣的话,京都这个城市就会繁荣。我认为,中小企业的经营者,哪怕只能养活 5 名、10 名员工,也比任何学者、政治家、官僚都伟大。在这个严酷的世界里,自己一个人生存尚且不易,何况还要保证员工及其家族有饭吃,那可不是稀松平常的事。学者和官员常常轻蔑地称呼中小企业经营者为"小老板",那是傲慢。哪怕只雇用 5 名、10 名员工,要保证他们有事做、有饭吃,光是做到这一点,就绝不是轻而易举的事。中小企业的经营者们必须拼命努力,才能守护员工的生活。

如果中小企业的经营者们都能依据正确的哲学守

护自己的员工,不仅是京都,整个日本社会都能保持稳定,维持繁荣的局面。

我认为,日本社会的繁荣并不是依靠大企业里的那一小部分人,决定性的因素是中小企业的经营者们掌握优秀的思想哲学,珍视雇用的员工,守护他们的生活。即使世间动荡,社会发生混乱,只要经营者保护好自己的企业,就能让员工安心,让员工觉得"只要我们的社长在,我们就无所畏惧"。我期待各位的企业能够营造出这种氛围,并期待这样的企业层出不穷。

要 点

经营由领导人持有的思维方式、意志决定。公司经营得不好,不是因为副社长不好,不是因为专务或其他董事不好,更不是因为员工不好。不好的原因只有一个,就是企业领导人的思维方式不对。

○

领导人的思维方式决定了公司的成败兴亡。头脑里想的东西、思考的东西，都会在现象界，就是在自己企业的实态中显现出来。

○

环境越是严峻，自己的公司越要靠自己来守护，没有人会来帮你。自助努力才是经营的根本。

○

我的父母和祖父母平时教育我："那事不能做！""这事可做！"这些都是非常朴实的道理，讲的就是作为人，何谓正确，何谓错误。另外，加上小学、初中、高中教修身课的老师所教诲的是非善恶，我想就用这些作为判断基准吧。

○

神灵总是平等的，让每个人都能度过幸福的人生，苦难不会没完没了。不过，要想让神灵赐予幸福的人生，就要对自己现在所处的状况表示感谢，必须乐观、拼命地付出努力。

○

公司现在的情况是公司领导人从上任以来到现在为止不断判断积累的结果。像堆石头一样，石堆就是石头不断累积的结果。也就是说，经营判断的叠加形成了现在的公司。

○

在判断事物的时候，不要用本能判断，不要用感觉判断，也不要用感情判断，当然更不要用理性判断，而是对照灵魂进行判断。

○

企业经营是残酷的竞争，需要不亚于任何格斗士的激烈的斗魂，所以那些半吊子的人不适合搞经营。

只有自己赚钱的买卖，一次或许可能，长期持续是不可能的。

○

做生意需要利他之心，说得极端一点儿，要把自己的事情置之度外，只考虑买东西的客人，努力让客人开心满意。用利他之心做生意，自然就能赚到足够的钱。

○

如果放置不管，立即就会回到本能、感觉、感情的层次对事情做出判断。"这样可不行！不可以这样！"经常自己对自己这么说。只要反复进行这样的反省，渐渐地，我们就能够做出正确的、卓越的判断，公司经营就能够顺利推进。

○

技术优良、销售厉害、经营管理到位、财务制度健全,是这些决定了企业的繁荣吗?不是的。我认为,企业经营的好坏取决于企业具备什么样的哲学,企业领导与企业员工共有什么样的哲学,以及让全体员工共鸣的是什么样的哲学。

在企业经营中的"六项精进"

在第五届盛和塾全国大会第二天的讲话
——1996年7月6日

　　盛和塾全国大会是盛和塾规模最大的学习会，一年举办一次，稻盛会亲自参加。1992年第一届全国大会有1000多名塾生参加，为时两天。后来巴西、美国、中国大陆、中国台湾等海外塾纷纷成立，所以改名为"世界大会"。

　　在本届全国大会上，各分塾推举的塾生发表了经营体验，并由稻盛进行点评。大会期间有全员参加的"恳亲晚会"，稻盛亲自向塾生们发表了约1小时的"塾长讲话"。

　　稻盛面对从全国汇集而来的塾生们，发表了语重心长的讲话。

人生的目的、意义

今天是第五届盛和塾全国大会的第二天,座无虚席,昨天参会的塾生全体出席。大家如此热心的学习态度,让我的内心充满了感动。

昨天有4位塾生,今天又有3位塾生进行了精彩的经营体验发表。我听了以后很受感动,收益良多。我想,在座的塾生们也受到了深刻的启示。听了刚才3位的发表,我们沉浸在激动之中。在还没有从激动中恢复过来之前,我想不管我讲什么,恐怕都会相形见绌。所以,我甚至希望稍微隔一段时间再开始讲话。

在这两天中,听了如此生动的经营体验发表,我想,大家也在认真思考有关人生意义的问题。就我来说,人生是什么?我究竟为何降临于世?我是为了干什么才来到这世上?对于这些问题,我从年轻时开始，就反反复复地自问自答。

"要拼命工作!"我经常鼓励盛和塾的各位经营者。但是，并不是我这么一说，大家就会轻易地点头称是。我们就是为了拼命工作吗？我们生来就是为了吃苦吗？难道不应该是为了度过一个更加轻松愉快的人生，我们才来到这世上吗？人生的目的、意义究竟在哪里？大家也在思考这样的问题吧。

所以，这个问题必须要搞清楚：对于我来说，人生的目的何在；对于我来说，人生具有怎样的意义。这个问题，每个人都应该弄明白。我们每个人的出身不同，出生至今接受教育的环境不同，每个人都各自走过了不同的人生旅程。然而，每个人的人生目的是什么？我认为，明确这一点，无论对谁而言，都是极为重要的。

先讲结论，这个问题的答案有两个。我的话有点儿说教的味道，也许有人不赞同。我想分别做出说明。

人生只有一次，不能从头再来

一种答案是，人生的目的在于净化、纯化、深化我们所持有的灵魂，或者说这个灵魂的本质真我。你降生人世，就是为了完成净化、纯化、深化灵魂或真我这一项任务。我认为，这就是对人生目的、意义的最正确的解释。

一般而言，我们都认为人生只有一次，或者我们努力去思考只有一次的人生。对于这种说法，我很喜欢并且经常使用。在创立第二电电的时候，我也使用"仅仅只有一次的人生"这种表达来打动大家的心，凝聚众人的力量。

"人生只有一次，不能从头再来。现在通信事业正在实施民营化、自由化，允许新企业参与。百年难遇的大变革已经到来。你们正好生逢其时，赶上了这个大变革的时代。有幸充当这场变革的旗手，这是千载难逢的良机，难道可以让这样宝贵的机会白白流失吗？抓住眼前这个美好的机会，燃起我们的热情，让我们仅有一次的人生活出精彩，不留遗憾！"我用这样的语言来激励大家，凝聚部下的力量。像这样，我经常使用"仅仅只有一次的人生""没有从头再来，没有修正机会的人生"这种语言。但是，坦率地说，人生并非只有一次，并非不会从头再来。而为了警戒一个懒惰的我、散漫的我、马虎的我、做事半途而废的我，为了克服我脆弱的一面，我故意采用"人生只有一次，不可虚度"这种说法。

按照佛教的观点，我们的灵魂或者真我在反复不断地轮回转生。我们的灵魂不是在现世只生过一回就结束了。但是，我们是将过去世（前世）的记忆全部抹去以后,才降临现世的。所以,迄今为止来过现世几回,我们自己无法得知。偶尔有人似乎带着前世的记忆来到现世,但这只是极小一部分人的故事。

总之,我们通过不断地轮回转生,多次降生到现世这个世界。

在这个现世,我们常常被置于严酷的环境之中,正因为具有肉体,我们就容易受到诱惑而误入歧途。另外,我们也可能经历巨大的苦难。其实,这样的苦难就是为了净化、纯化、深化灵魂和真我,而由上天赋予我们的考验。

换言之,人生的目的就是通过反复地轮回转生,在现世中磨炼自己的灵魂。我们应该这样来思考问题。这么讲虽然有佛教色彩,但这是一种基本的思维方式。

这种思维方式因为佛教色彩过分浓厚,有人可能无法理解。我想，对佛教的思维方式缺乏亲近感的人，确实很难接受这样的解释。

对这样的人，不妨接受如下的思维方式。

为社会、为世人尽力

对于人生的第二种思维方式是：所谓人生，其目的就是为社会、为世人尽力。净化、纯化、深化灵魂和真我有几种方法，佛教里有八项修行，其中最重要的是"积善行"，也就是我平常一直给大家讲的"利他行"，简单说就是"为社会、为世人尽力"。基于"为社会、为世人"这一想法的"利他行"，是纯化灵魂的非常重要的要素。

那么，"为社会、为世人"具体怎么做呢？你们可以从身边的事情开始考虑，比如，可以考虑为了自己所居住的这个地区或社区。范围再扩大一点，为了自己所在的县市，再考虑得宽阔一些，为了日本、为了世界、为了宇宙，或许思考的范围越大越好。

我想，诸位当中有人走在街上，可能会看见街角或墙上贴着标语："祈愿世界人类的和平！"这是五井昌久先生开办的新兴宗教的教义。这一宗教深奥的教义我不懂，但他的教徒们在街道各处张贴了许多这样的标语，看起来不算什么大事，但这种行为就是为社会、为世人。

我们有时会去当义工，有时会做捐赠，这些都是为社会、为世人的行为，大家都能明白。与此相同，每天祈祷世界人类的和平，这种行为实际上是地球规模的大爱的觉醒。而且信徒们不是祈愿自己个人，也不是对自己的亲人博爱和关怀，不是这类小的利他，他们倡导的是对全人类的、地球规模的大爱。

也就是说，不是为了自己个人卑微的幸福而祈祷，而是意识到了全人类，意识到了全球规模的大爱，为了全人类的幸福向神灵祈祷。这样的行为就是"为社会、为世人"，与净化、纯化、深化灵魂是一致的。

因此，对于前面所讲的净化、纯化、深化灵魂以及轮回转生的观点不能接受的人，只要他们理解人生的目的、意义在于为社会、为世人尽力，就可以了。

在自己的心中，只要明确了这样的人生目的，那么不管做什么事情都不会再迷惑。因为自己的生活态度、生活方式符合这个目的，就能够充满确信，度过没有迷茫、没有恐惧的人生。

你们从繁忙的工作中抽出宝贵的时间，花费金钱，聚集一堂，互相交流，讨论研究，努力学习人生和经营的经验，就是因为大家具备了"为社会、为世人"这一明确的目的意识。因为你们的内心追求灵魂和真我的净化、纯化、深化,所以你们才会这么拼命努力。

所以,我希望你们一定要把自己人生的目的、意义想得一清二楚。这样的话,你们就能够确立坚定的、不容动摇的人生方向。

我们是为了做"利他"这一行,才降临人世的

一开头我就谈到,灵魂或者真我不断轮回转生,多次来到现世,不断净化、纯化、深化,就是所谓"修行"。关于这一点,我想将思考再深入一步。

我不宣扬神秘主义,但我相信"那个世界"是存在的。有的人无论如何也不能接受这个观点。而我自己也是通过长期的思考,烦恼再烦恼,烦恼之余,才终于认可了"那个世界"的存在。所以,至今为止,

我都尽可能不去触及这一话题。

但是,与我们生存的"现世"完全不同的宗教所说的"那个世界"是俨然存在的。首先,我希望大家相信这一点。同时,我也希望大家相信"灵魂"的存在。因为如果否定了"灵魂"的存在,许多问题就无法解释。

我的意思并不是要大家去相信什么妖魔鬼怪、幽灵作祟等。但是,如果没有死后的"那个世界"的存在,我们就不可能有什么轮回转生,所以要相信有"那个世界"。不是说相信了就能得到什么好处,但不相信的话,那么轮回转生也不存在了,所以我才这么解释。

现在,没有任何人能够证明这一点,所以很多人都抱否定态度。但是,因为还没被证明就否定它,我觉得没有这个必要。"那个世界"就是"灵界"、是存在的，我们死了以后，我们的灵魂和真我去到"那个世界"，再从"那个世界"回到"现世"。

首先，我请大家相信"那个世界"就是"灵界"的存在。我相信，能够证明"那个世界"的存在的时代一定会到来，那时就能够说服众人相信，而且接受。相信有"灵界"，就是相信脱离肉体后灵魂有回归的地方，这对于灵魂的净化、纯化来说意义重大。

虽然离题了，但关于"灵魂"我还想做进一步阐述。说到灵魂、真我，那到底是什么呢？诸位中有人或许抱有疑问。

我们每天都抱着"意识"生活。我经常使用"具备渗透到潜意识的强烈愿望"这种表达方式，包括这个潜意识在内，我把我们具备的意识称为"意识体"。"意识体"这个东西我们的眼睛看不见，所以我们很难感觉到它的存在。但是，我认为，由于脑细胞的活动而产生的意识，只占整个意识体的极小一部分，它只是发自我们的五感。包括这类意识在内的，更具根源性、根本性的"意识体"是俨然存在的。

我认为，这个意识体就是灵魂。像电脑的存储器一样，灵魂记录着轮回转生过程中所经历的现世的一切经验以及思想过的一切内容。灵魂就是储存了庞大记忆的意识体。

再回到本题，所谓人生，就是为社会、为世人尽力，就是为了实践利他。毋庸置疑，我们出生来到世上，就是为了干利他这一行。利他是净化、纯化、深化灵魂、真我的要素。

那么，实践利他究竟有什么意义呢？

实际上，我们人在现世干着各种各样的"恶事"，我把这称为"恶念造恶业"。只要动了邪念，就会作为"业"（karma）沉积在灵魂里，哪怕只是思考，并没有付诸行动，这个思考也会作为karma沉积在我们的灵魂里。而沉积在灵魂里的karma，就是思想，一定会作为现象呈现。

这同我说的"理想定能实现"是一个意思。理想或者思想一定能实现，无论是好的善的思想，还是坏的恶的思想，一经思考就会作为karma全部沉积在灵魂里，而这个karma一定会作为现象呈现出来。好的善的karma在现象上就呈现好的结果，坏的恶的karma则以坏的结果在现象上呈现出来。所以说，思想一定会实现。

另外，不管东方西方，各种各样的书里谈到成功体验，都有"理想定能实现"，"思想定能成就"的结论。因为它们共同的理由是：实际上，施行为社会、为世人的利他行为，能够起到消除恶业（坏的karma）的作用。我想在座的各位中有人请占卜师算过命。

我有生以来从来没有算过命，但我看过这方面的书。

"你今年的运势很坏。"占卜师这么说。接着他又加上一句："因为你做了这么多善事，所以灾难绕开了你。"也就是说，本来是厄运的年头，却因为你无意中做了好事，所以避开了厄运。这种情况是有的。

这是因为你做的利他行为，把你积存在灵魂里的恶业作为现象呈现之前就消除了。说利他行为可以纯化灵魂，就是指这种行为具有消除恶业的作用。

在企业经营中的"六项精进"

人生的目的是什么？人生的意义在哪里？对于这两个问题，我的答案是，为了在现世净化、纯化、深化灵魂或者真我，只要这样思考就行了。我还说，人生的目的是利他,也就是说,只要把"为社会、为世人尽力"作为目的就可以了。话虽然这么讲,但要做到这一点却并不容易。人类有史以来,为了净化、纯化、深化灵魂、真我,吃尽了各种各样的苦头。

例如,在佛教里,禅宗的僧人每天要进行严格的修炼,要通过坐禅求得灵魂的净化。再例如,比睿山的僧人要通过"千日回峰行"这一极其严酷的修行,拼着性命来净化、纯化自己的灵魂。还有瑜伽圣人,他们把自己封闭在喜马拉雅山的深处,在冥想中净化、纯化自己的灵魂。

他们都经历千辛万苦,努力净化、纯化灵魂。那么,他们为什么要自找苦吃呢?因为据说依照灵魂净化、纯化的程度,回到"那个世界"的什么地方是不同的。

像这样，有史以来有很多人把净化、纯化、深化灵魂作为人生的最终目的，不惜花费一辈子进行艰苦的修行。

另一方面，我们企业经营者来到这个世上，或者子承父业，或者自己创办公司，经营事业。在自己一个人谋生尚且不易的时代，各位企业家要雇用员工，要保证员工家族在内的人都有饭吃。要养活包括员工家族在内的这么多人，绝不是稀松平常的事。我经常说，这本身就是利他的行为。

所以，哪怕是中小企业，它的经营者都很了不起，正因为了不起，就应该磨炼灵魂，努力使自己变得更加优秀。各位经营者具备了高尚的人格，掌握了正确的思维方式，就能让社会和平，让人们幸福。

"你充其量不过是个商人，中小企业的老板们不过是些唯利是图的家伙。"这类充满偏见的评论在社会上蔓延，我们绝不要被这种舆论所蛊惑。大家正在从事的企业经营本身就是养活员工及其家族的美好行为，是了不起的行为。大家应更加努力地学习，成为具备优秀思想的人格高尚的人。让自己的灵魂更加纯洁，就能促使社会变得更加光明、更加美好。

那么，经营者怎样才能磨炼自己的灵魂呢？我们每天忙于企业经营，没有空闲像宗教家那样，终生在寺院里、山林间，通过修行净化、纯化灵魂。

在盛和塾里，做冥想的人很多，而且大家还在互相切磋、互相指教。这种做法当然很好。但是，很多人终日忙得不可开交，没有时间从容冥想，有的人甚至忙得连睡眠时间都少得可怜。那么，这样的经营者就不能净化、纯化灵魂，不能开悟，不能获得救赎吗？

当然不是。下面要讲的就是，在经营现场通过实践"六项精进"，工作繁忙的经营者们也能获得救赎。

六项精进之一：付出不亚于任何人的努力

我总是对大家说要拼命工作，要"付出不亚于任何人的努力"。刚才的经营体验发表就具体描述了这种拼命努力的样子。

拼命工作，付出不亚于任何人的努力，就是佛教中讲的"精进"。精进是佛教用语，意思是勤奋，要热衷于修行。我们在现世一心不乱地拼命工作，这种行为同宗教家的修行、修炼完全可以相提并论。

付出不亚于任何人的努力，不仅是为了提高企业利润而做出努力，而且同宗教家的修行、修炼一样，也是净化灵魂的精进。

六项精进之二：要谦虚，不要骄傲

"要谦虚，不要骄傲"也是我经常给大家讲的一句话。我们人都一样，总是常常忘记谦虚。

中国的典籍中有"惟谦受福"这句话，绝不是说傲慢不逊的人或手段强硬的人能够获得成功。乍看起来，那些不惜将别人踩在脚下，耀武扬威的经营者好像能成大事，但实际上真正能够建功立业的人不是这样的。胸中有燃烧般的热情，具备斗魂，充满斗争心，同时又谦虚谨慎的人，才能成就大事。

中国的相学里有这样的描述：将来渴望出身立世、大有作为的年轻人，谦逊的品德在他们的内心闪烁着光芒。谦而不骄就是这么重要。"要谦虚，不要骄傲"在人的成长上，在成就伟业上，在净化灵魂上意义重大。

六项精进之三：要每天反省

我们在每天的经营中实行利他，或者努力想要利他。但在实行利他行为之前，我们必须通过反省自己的利己，来消除利己的念头。只要对自己有利就好，这种邪念、这种利己的思想必须通过反省来拂拭、消除。

在禅宗的经典里，白隐禅师这位高僧写的《坐禅和赞》中有"念佛及忏悔"这句话。它的意思是，净化灵魂有各种各样的方法，其中的"忏悔"就是"反省"。"忏悔"就是说"反省"在修行中占很大的比重，非常重要。我希望大家务必在每一天，回顾那天发生的事情，实践"要每天反省"这一条。

六项精进之四：活着就要感谢

自己感觉到活着的幸福，"活着就要感谢"非常重要。

如果缺乏能够感觉到幸福的那颗心,想要感谢也做不到。而感受到幸福又需要什么呢?那就是"知足"。我们在日常生活中,经常会感觉到不足,因此就会牢骚不断。所以,要让"知足"的念头占据头脑,就是说如果认为"有这么多已经非常满意了,已经足够了",就能感受到幸福。人只要感觉到幸福就一定会生出感谢之心。

例如,各位从昨天开始就聚集到宾馆来学习,在忙碌的工作中抽出宝贵的时间,还要花费费用。大家之所以能会聚一堂,是因为你们公司的员工、同事在公司努力工作,才能提供费用,让你们安心来学习。因此,你们自然会对他们生出感谢之心。

对于自己身边即使很小的事情,都可以表示感谢,感谢的对象很多。知足心产生的幸福感以及幸福感带来的感谢之情,对于净化灵魂起着非常大的作用。

六项精进之五:积善行,思利他

今天我讲的为社会、为世人尽力,也就是"积善行,思利他",对于净化灵魂也非常重要。

中国典故里有"积善之家,必有余庆"的说法。给别人以关怀体谅,为他人尽力,好报一定会返回到自己身上。积善行,思利他就是救助自己。

这是上述各条中最重要的一条。

六项精进之六:不要有感性的烦恼

"不要有感性的烦恼"也很重要。

"感性的烦恼"是什么呢？我们人具备肉体，驱动肉体的是心。关于心的构造，最外面的一层是本能，在它的内侧有感觉、感情，有理性，有灵性，位于中心的是灵魂。心就呈现这样的多层结构。所谓"不要有感性的烦恼"，就是伴随肉体的本能而来的烦恼以及伴随大脑的感觉、感情而来的烦恼，这一切的烦恼都要抛弃。比如，因为票据不能兑现，担心公司明天可能倒闭，这样的烦恼统统不要。

这么说的话，在公司可能倒闭时也不担心，公司真的倒闭了怎么办？有人会这么想。当然在这种时候，为了票据能够兑现要四处奔走，要想方设法竭力避免公司破产。但是，不要因此而加重自己的精神负担，不要让自己操心过度。

拼命工作，公司却倒闭了。不管怎样努力，这样的苦难在现实生活中仍然可能发生。已经尽了最大努力，公司还是倒闭了。如果这样，那也是无可奈何的事，应该这么去想。

怎能这样善罢甘休！有人会这么想。但我真的觉得此时应该认命。这样的失败不能向夫人、朋友们当面交代，这种多余的担忧会加深人的心理负担，让人心力交瘁。拼命努力，公司还是倒闭了，那是没办法的事。尽管你拼命努力尽到了责任，但是给你票据的客户破产了，背负了大量债务而连累到你，这种情况可能发生。

当然，付出不亚于任何人的努力是头等重要的，必须拼命努力。但是，不要因为这样的挫折就想不开，在精神上折磨自己。

除了企业经营之外，在现实生活中不如意之事也是十有八九，遭遇灾难了，患上重病了，都有可能。还有人生来就身体残疾，他们的人生更加艰难。在我们看来，这种人十分不幸。但是，这样的人往往拥有远比我们美好的心灵。其中有人非常开朗，甚至反过来给予我们希望和勇气。

人生中会发生各种各样的坏事，不必让这种坏事来伤害自己，以致酿成心病，更不能钻牛角尖、郁郁寡欢，最后导致自杀。这类烦恼的方式绝不可取。

实践"六项精进"，成就伟业

我认为，只要每天在经营现场实践上述的六项精进，就一定能够净化、纯化灵魂。即使不做宗教家那样的修行，不像他们那样每天坐禅，只要在每天的工作中实践这六项精进，就能达到净化、纯化灵魂的目的。

实际上，我自己就是这样。自我意识到这六项精进并开始实践以来，人生也好，工作也好，虽远远超出了我的才能和能力，但宛如神助一般，一切都开始顺利进展。本来要做的事情、想做的事情不可能全都如此顺利进展，连我自己也觉得不可思议、难以置信。

不同的人对此有不同的解释。有人说这是"靠了不同寻常的灵能力，料事如神"，也有人说这是因为"出现了超常现象"。但是，我不做这样的解释。我认为，事情并没有那么艰难，也并不神秘，这是无论谁都可能做到的事。只要每天持续这样的精进，连绵不断，我们就能成就超越自己能力的伟业，开拓光明灿烂的人生。

那么，为什么我的六项精进实践能够开拓如此美好的人生呢？借用二宫尊德的话，"精诚所至，感天动地"。只要竭尽诚意，天地即神灵和自然会出手相助。这里二宫尊德所讲的"精诚所至"，具体来说就是抱着纯粹的心灵，拼命地工作。我认为，这同为了净化、纯化心灵而进行的修行，即"六项精进"如出一辙。因此，只要持续抱着纯粹的心灵拼命工作，一定会获得老天的眷顾。

在盛和塾刚成立时，我就对大家强调，我们经营者绝不是唯利是图、卑劣虚伪的商人，当然经营企业必须追求利润，但那是为了守护员工。我们有员工，有员工家族，还有我们自己的家族，为了守护他们现在和将来的生活，我们正在拼命工作。

在自己一个人生存尚且困难的时代，要守护包括员工家族在内的许多人的生活，这就是六项精进所讲的善行、利他行为。大家拼命工作，让员工们感觉到进入这家公司真好，跟着这位社长工作真幸运。构筑这样的公司就是积德，是可以与宗教家的修行相媲美的行为，一定会带来好的结果。

这种纯粹的思想和行为就是"精诚所至"，一定能"感天动地"。大家的这种好心肠一定会感动天地，让天地伸出援助之手。

我就是因为这样做了,所以在后半生取得了超越我能力的成就。

比如,这一期京瓷的业绩也非常好。开办盛和塾,教大家经营,而我自己经营的企业如果业绩低迷的话,人家就会批判是纸上谈兵。嘴上讲得天花乱坠,自己公司的业绩持续低迷,这就很难自圆其说。

现在,我去京瓷的时间,不过一星期一次,有时一次也去不了。自从当上京都商工会议所的会长,我一直在外面帮助别人。但是,以伊藤谦介社长为首的干部员工们非常努力,今年又能取得自创业以来最高的销售额和利润。伊藤谦介社长以下的京瓷干部正在拓展卓越的事业,这是大家相信京瓷哲学,以纯粹的心灵拼命工作带来的结果。

另外，第二电电事业的进展也获得了令人惊异的成绩。第二电电涉足通信事业仅仅12年，当初在NTT的垄断之下长途电话的价格之高，3分钟要400日元。无论如何也要让国民的通信费用降下来！第二电电仅凭这一个念头，开创了事业。

在事业开始之前，我花了整整半年时间自问自答："动机善吗？私心无吗？"这里所讲的"善"，就是善良、正直、助人、关爱、美好的心灵，再进一步讲，就是纯粹的心灵。靠字面上的"纯粹"这一点开创的事业。到了今天，在创业时的长途电话事业之上又加上移动通信（手机）。事业方兴未艾，前景一片光明，给京瓷也带来了恩惠。

截至1996年3月底，我创立的京瓷集团和第二电电集团合计销售额达到13 000亿日元。下一期，也就是明年，我估计能达到18 000亿日元。一年增长5000亿日元，这是一个令人惊异的数字。

之所以取得如此优异的业绩，我认为与其说是因为我的才能，不如说是老天的眷顾，是天地对我纯粹的思想和行为的嘉奖。

所以，没有任何疑惑，只要实践我刚才讲的"六项精进"，在座的各位也能够开辟各自光辉灿烂的未来。这就是宇宙的法则。

白隐禅师的《坐禅和赞》

前面提到，高僧白隐禅师写作了《坐禅和赞》这部经书。我从创建京瓷开始，就和京都的禅宗僧人有亲密的交往。我认为，这位白隐禅师的《坐禅和赞》非常经典，没有宗派的局限。所以在这次全国大会收尾之际，我想诵读并讲解一下这部《坐禅和赞》。

众生本来佛，恰如水与冰。

离水则无冰，众生外无佛。

本来人都是佛，正如离了水没有冰一样，离了人也就没有佛。

不知佛在身，去向远方求。
好比水中居，却嚷口中渴。

然而，大家都不知道佛就在近处，就在自己身上，因而到远方去求佛。这是多么虚幻荒谬的事啊！打个比方，明明就在水里，却嚷嚷口中干渴。

生为富家子，福中不知福。
六道轮回因，只缘愚痴暗。
漫漫长夜路，何时了生死。

尽管出生在富裕的家庭，却身在福中不知福，精神贫困、迷惑彷徨。多次轮回转生所积累的因缘，并非与生俱来的命运，不断发泄不平不满，这才导致了你的不幸。

摩诃大禅定，赞叹无有尽。
六度波罗蜜，念佛及忏悔。
诸多之善行，悉皆归其中。

修炼真正的禅，是非常美妙的事。这里面包括了"布施""持戒"等各种各样的方法。所谓"布施"，就是施行利他；所谓"持戒"，就是遵守戒律，不做不可以做的事，为此就要时时反省，保持谦虚的态度。实行布施，遵守戒律，念佛、忏悔，这样来修行。采取这种生活态度，效果就同修禅一样了。

静心一禅定，能灭无量罪。
免落诸恶趣，净土已不远。

在我们经营企业，达到"功成名遂"的过程中，不管多么伟大的事业，在不知不觉中，我们都会积累罪业。这些罪业会通过布施、持戒、念佛、忏悔这样的修行消除，我们因此就能获得幸福，也就是离极乐净土不远了。

> 诚谢此法要，一旦触及耳，
> 赞叹随喜者，得福量无限。

这个"法"，就是这部经。一旦耳闻此经，便会欢喜流泪的人，就能得到无限的幸福。

> 况且自回向，直证自本性。
> 自性即无性，远离诸戏论。
> 因果一如门，无二亦无三，
> 无相相为相，去来皆本乡。
> 无念念为念，歌舞亦法音，
> 三昧无碍空，四智圆明月。
> 此时复何求，悟境现前故，
> 此处即净土，此身即为佛。

更何况，不是向外去求佛，而是把目光投向自己，追求真实的自我。如果能够努力去追求真我，就能超越常理，突然明白宇宙的真相。如果达到了这样的境界，你现在所在的地方就是极乐净土，你自己就已经成佛。

白隐禅师写作的这部《坐禅和赞》通俗易懂，就是我们现代的人也能理解。对于一般的经书，不管《般若波罗蜜多心经》或其他经书，我们都很难理解，但是，这部《坐禅和赞》使用的语言却很容易明白。

而且，这部经的内容触及了佛教的真髓。只要我们按照《坐禅和赞》中白隐禅师的教导度过人生，那么我们经营的企业就能成为卓越的企业。

我的讲话就此结束，谢谢大家。

要 点

每个人的出身不同，出生至今接受教育的环境不同，每个人都各自走过了不同的人生。然而，每个人的人生目的是什么？我认为，明确这一点，无论对谁而言，都是极为重要的。

○

人生的目的在于净化、纯化、深化我们所持有的灵魂，或者说这个灵魂的本质真我。人降生人世，就是为了完成净化、纯化、深化灵魂或真我这一项任务。

○

人的灵魂不是在现世只生过一回就结束了。人通过不断地轮回转生，多次降临人世。

○

在这个现世，人常常被置于严酷的环境之中，正因为具有肉体，就容易受到诱惑而误入歧途。另外，人也可能经历巨大的苦难。其实，这样的苦难就是为了净化、纯化、深化灵魂和真我，而由上天赋予人的考验。

○

所谓人生，其目的就是为社会、为世人尽力。净化、纯化、深化灵魂和真我有几种方法，其中最重要的是"积善行"，也就是"利他行"，简单说就是"为社会、为世人尽力"。

○

在自己的心中，只要明确了这样的人生目的，那么不管做什么事情都不会再迷惑。因为自己的生活态度、生活方式符合这个目的，就能够充满确信，度过没有迷茫、没有恐惧的人生。

○

"恶念造恶业"。只要动了邪念，就会作为"业"（karma）沉积在灵魂里，哪怕只是思考，并没有付诸行动，这个思考也会作为 karma 沉积在你的灵魂里。

而沉积在灵魂里的karma，就是思想，一定会作为现象呈现。

○

施行利他，把你积存在灵魂里的恶业作为现象呈现之前就消除了。利他行为有消除恶业的作用。

○

在自己一个人谋生尚且不易的时代，经营者要雇用员工，要保证员工家族在内的人都有饭吃。要养活包括员工家族在内的这么多人，绝不是稀松平常的事。我经常说，这本身就是利他的行为。

○

哪怕是中小企业，它的经营者都很了不起，正因为了不起，就应该磨炼灵魂，努力使自己变得更加优秀。经营者具备了高尚的人格，掌握了正确的思维方式，就能让社会和平，让人们幸福。"你充其量不过是个商人,中小企业的老板们不过是些唯利是图的家伙。"这类充满偏见的评论在社会上蔓延,我们绝不要被这种舆论所蛊惑。

○

经营者日常的经营活动本身就是养活员工及其家族的美好行为,是了不起的行为。因此,经营者应更加努力地学习,成为具备优秀思想的人格高尚的人。让自己的灵魂更加纯洁,就能促使社会变得更加光明、更加美好。

○

拼命工作,付出不亚于任何人的努力,就是佛教中讲的"精进"。精进是佛教用语,意思是勤奋,要热衷于修行。我们在现世一心不乱地拼命工作,这种行为同宗教家的修行、修炼完全可以相提并论。

○

中国的典籍中有"惟谦受福"这句话,绝不是说傲慢不逊的人或手段强硬的人能够获得成功。乍看起来,那些不惜将别人踩在脚下,耀武扬威的经营者好像能成大事,但实际上真正能够建功立业的人不是这样的。胸中有燃烧般的热情,具备斗魂,充满斗争心,同时又谦虚谨慎的人,才能成就大事。

○

利他,或者努力想要利他。但在实行利他行为之前,我们必须通过反省自己的利己,来消除利己的念头。只要对自己有利就好,这种邪念、这种利己的思想必须通过反省来拂拭、消除。

○

人们在日常生活中,经常会感觉到不足,因此就会牢骚不断。所以,要让"知足"的念头占据头脑,就是说如果认为"有这么多已经非常满意了,已经足够了",就能感受到幸福。人只要感觉到幸福就一定会生出感谢之心。

○

中国典故里有"积善之家,必有余庆"的说法。给别人以关怀体谅,为他人尽力,好报一定会返回到自己身上。积善行,思利他就是救助自己。

○

人生中会发生各种各样的坏事,不要让这种坏事来伤害自己,以致酿成心病,更不能钻牛角尖、郁郁寡欢,最后导致自杀。这类烦恼的方式绝不可取。

○

事情并没有那么艰难,这是无论谁都可能做到的事。只要每天持续这样的精进,连绵不断,我们就能成就超越自己能力的伟业,开拓光明灿烂的人生。

○

抱着纯粹的心灵,拼命地工作。我认为,这同为了净化、纯化心灵而进行的修行即"六项精进"如出一辙。因此,只要持续抱着纯粹的心灵拼命工作,一定会获得老天的眷顾。

○

经营者绝不是唯利是图、卑劣虚伪的商人,当然经营企业必须追求利润,但那是为了守护员工。我们有员工,有员工家族,还有我们自己的家族,为了守护他们现在和将来的生活,我们正在拼命工作。

○

在自己一个人生存尚且困难的时代,要守护包括员工家族在内的人们的生活,这就是六项精进中所讲的善行、利他行为。大家拼命工作,让员工们感觉到进入这个公司真好,跟着这位社长工作真幸运。构筑这样的公司就是积德,是可以与宗教家的修行相媲美的行为,一定会带来好的结果。

才能不可私有化,为社会、为世人尽力

在京都市干部职员研修会上的讲演
——1996年8月30日

京都市干部职员研修会邀请稻盛当讲师。稻盛讲述了领导人应该用自己的才能来为集团、为社会、为世人服务,同时谈到为了避免做出错误的判断,领导人提高心性的重要性。

领导人应该是怎样的

今天的题目是"组织的活性化和领导人的作用"。根据这一题目,我想讲述我平日里经常思考的一些问题。

去年(1995年)我分别获得了美国凯斯西储大学和英国工科大学的奖项。这两所大学每年都从民间选拔一人,授予大学创设的奖项。在领奖的同时,我有机会面对教职员工以及大学所在地区的技术工作者,发表一小时左右的讲演。在两所大学差不多同时发表讲演,我应该讲什么呢?经过思考,我以"领导者应有的姿态"为题,写好讲稿,做了讲演。

当时,因为听讲的各位朋友十分感动,两所大学分别将我的讲话汇编成小册子。听说要小册子的人很多,所以大量印刷后发给了当地的有识之士。讲演的原稿我带来了,我先读一读,然后讲述"领导者应有的姿态"这一问题,这是我从很早就一直思考的问题。

基于东方哲学的严于律己的领导论

对于"领导者应有的姿态"这一题目,我想以东方哲学为基础,谈一谈我所思考的严于律己的、理想的领导者应有的姿态

37年前,我27岁时,创立了京瓷这个综合精密陶瓷零部件企业,后来又创建了经营长途电话等事业的第二电电。我创建的企业集团的销售额超过了10 000亿日元的规模,利润超过了2000亿日元。回头来看,我走过了一个自己也觉得不可思议的人生。

然而,在27岁创立京瓷以前,我的人生却充满挫折。我在12岁时患上了当时被认为是不治之症的肺结核。后来,我在志愿的初中、大学的升学考试中

屡遭失败，另外在想进的公司的就职考试中又是失败，不幸和失望接二连三，走在不如意、不开心的人生道路上，我开始深入思考人是什么，人生是什么，并且开始学习宗教和哲学。

后来，我有幸创建了京瓷这个公司。之后，所谓经营者，还有集团的领导人，究竟应该是怎样的人？我不断认真思考这个问题。基于这些经验，我想讲一讲我所思考的"领导者应有的姿态"这个问题。

我在日本出生长大，我的思想受佛教的影响很大，所以我特地加了"基于东方哲学"这句话。另外，大家或许也感觉到了，我的思维方式中包含对自己非常严格的一面，所以又加了"严于律己"这个词。但是，我想不管东方西方，人的本质都是相同的，所以我的话大家都能理解。

人的本质是什么

一开头,我就讲到了"人的本质是什么"的问题。在佛教中,人的本质、物的本质用"山川草木,悉皆成佛"这一句话表述。这种观点认为,所有的人,还有草、木、山、川,大自然的一切事物中都有佛性。这种思维方式一般称之为"泛灵论",是原始宗教共有的东西。佛教把这种思维方式提升到哲学的高度,现在它依然是佛教的基本教义。也就是说,佛教认为森罗万象、一切事物中都有佛性,一切事物的本质都是佛。

还有,对宗教有兴趣的人可能知道,印度有一位叫萨提亚·赛巴巴的人,他自称为神的化身。同时,当许多信徒问他"我是什么"时,他回答说:"你也是神的化身。如果我与你有什么区别的话,那就是我意识到了自己是神的化身,而你还没有觉悟到,区别仅仅在这一点上而已。"换句话说，萨提亚·赛巴巴认为，人的本质是神的化身，神化身成为姿容不同的各色人等。

还有，伊斯兰哲学的大家井筒俊彦先生关于人的本质说了下面一段话："许多人想通过冥想等来解明人的本质。这种冥想达到某个阶段时，会接近一种精妙的、纯粹的、无限透明的意识。也就是说，通过冥想保持静寂的意识，就会接近无限透明的、精妙的、纯粹的意识。这时自我存在的意识十分清晰，而除此之外的意识，就是包含五感在内的所有意识却全部消失，最后达到只能称之为'存在'的意识状态。"

在那里，除了自己"存在"着这一意识外，所有的一切都消失了。井筒先生认为，这种意识状态显示了人的本质。也就是说，他的观点是，人的本质就是存在本身。

如果是这样的话,人在看见花的时候,说"这里花儿存在着",当然不错。但如果说"只能称之为'存在'的东西扮演着花儿的角色",这种说法也是成立的。

井筒先生认为,不仅是自己,森罗万象、一切事物都是只能称之为"存在"的东西的化身。换句话说,只能称之为"存在"的东西,变换着各种姿态存在于世。所以,普通一般的人说"这里花儿存在着",而井筒先生却说"'存在'这东西正扮演着花儿"。

河合隼雄先生是我非常亲密的一位朋友。他是日本有代表性的心理学家,现在担任国际日本文化研究中心所长。他借用井筒先生的话,这么表述:"'你'这个存在在扮演着'花',而'我'这个存在扮演着'京都大学名誉教授河合隼雄'。也就是说,相同的这个'存在',或扮演着'花',或扮演着'我'。"

上面我介绍的佛教的观点、萨提亚·赛巴巴的观点以及井筒先生的观点，他们的意思全都相同。也就是说，森罗万象、一切事物的根源都是相同的，都是由同一种东西构成的。

现在地球上生存着几十亿人口，没有哪两个人是完全相同的，人们外表不同，性格、能力都不相同。出生之前，没有一个人是想到"我要具备这样的能力，我要长成这样的姿容"而来到人间的，身心成长，有了自我意识时，才认识到自己的存在。

换言之，是创造了这个宇宙的神的恶作剧，还是出于偶然，我们不知道。但是，我们人不过是碰巧带着现在的才能和姿容降临人世，而不是凭借自己的意志出生，来到世上。自己的才能和姿容只是偶然获得的。每个人的才能和姿容固然不同，但人在本质上都是相同的。

如果是这样的话，那么我认为，无论上苍赐予了你多么优异的才能，你也不可以只用这种才能来为自己谋利，这将不被允许。才能出众、聪明能干、事业成功，但是带来成功的才能本身实际上不属于你自己。如果这样假设的话，那么无论你取得了多大的成功，也不足以让你有骄傲的资本，你必须始终保持谦虚。

但是，很遗憾，几乎所有的人在拼命工作取得某种成功时，都会觉得这种成功是靠了自己的才能，是自己的才能带来的结果。因此，在不知不觉中就会滋生骄傲，忘却谦虚，怠惰起来，最终没落下去。也就是说，不主动意识的话，一不小心，成功本身就会促使自己骄傲自大。

领导人不可把才能私有化

我自己就曾经有过这样的经验。37年以前，我在

27岁时创立了京瓷。在精密陶瓷新技术的开发方面我夜以继日、废寝忘食地投入工作，开拓了精密陶瓷的新世界。精密陶瓷以超LSI封装这一产品，在全世界尖端的半导体领域独占鳌头，公司也获得了惊人的发展。开发了崭新的技术，公司又高速成长，这时周围一片赞扬之声。在不知不觉中我自己也不由得傲慢起来，失去了谦虚。我当时觉得自己有这么了不起的才能，又取得了如此巨大的成功，还有什么必要继续拼命工作呢？获取更高的报酬那也是天经地义的。

我开始过分迷信自己的才能，出现了骄傲的苗头。但是，经过认真、深入的思考，我意识到，京瓷这个公司也好，精密陶瓷这项技术也好，对于这个世界、这个时代也许是必要的。但这只是神灵偶然给了我这样的才能，偶然赋予了我这样的任务。经营这个公司也好，开发这项技术也好，完全没有"非稻盛和夫"不可的必要性，别的A先生、B先生未尝不可。同时，我醒悟到，我有点儿自我陶醉，沾沾自喜于自己开发的技术，而且骄傲自大起来，这是非常危险的。

人的本质都是平等的存在，这是真实不虚的。至于每一个人，则都是偶然被赋予了某种才能和姿容来到人间，在现世这个舞台上扮演他一生的角色。这时，有人当主角，有人当配角，有人当反面角色，也有人负责小道具、大道具等舞台装置，还有人负责戏场内的打扫整理。所有人都不过是本质相同，只能称之为"存在"的化身而已。这部戏剧，也就是这个社会，是由扮演所有这些角色的人一起来演绎的。而我只不过是在这个现世扮演了某个主角而已，完全没有"非我不可"的必然性。因此，我的才能只是神灵在现世一时寄托在我身上的东西。我想事情只能是这样。

如果说是这个宇宙的创造主赐予了我才能，那么这种才能就是创造主为了用于为社会、为世人服务才偶然赋予我的，所以不能将它私有化，用来为我个人谋利。当我醒悟到这一点时，我要求自己进行深刻的反省。把自己的才能当作自己的私有物品，那是完全搞错了。必须谦虚，不能骄傲，必须努力努力再努力，把自己的才能用于为社会、为世人效力。

"不可把自己的才能私有化"这一思维方式真正付诸实践的话，就要强制自己采取非常严格的生活态度和生活方式。不允许将才能当作自己的东西使用，就意味着要舍弃个人，为社会效劳，就必须对自己严加管理，严肃训诫。然而，认为自己的才能是自己的私有物的那一瞬间，人就已经傲慢了，这意味着过去的成功都将付诸东流。所以，虽然是非常严格的生活方式，但是我认为，持有这种生活态度是领导人极其重要的素质。而我自己，正因为领悟了这一点，后来的人生才会如此顺畅、如此幸福。

人的本质一律平等，即使碰巧被赋予了优异的才能，也不能只用于为自身谋利。因此，不管才能多高，成就多大，也时刻不能忘记谦虚，必须持续不断努力奋进。我认为，扮演领导角色的人理解、实践这一点是非常重要的。

领导人不是为自己使用才能，只有为组织、为部下使用这种才能，才算不辜负神灵的期待，尽到了自己的本分。绝不能认为自己优秀、自己有本事就傲慢不逊，用才能满足自己的私欲。领导人的地位越高，就越要严格自律，这是领导人应尽的职责。这就是我要表达的观点。

思念造业

也是关于领导人的资质，下面我想讲一讲我们东方人的思维方式。

东方思想里有"思念造业"这句话。"业"也可叫karma。比如说,"那个人遭遇了灾难,恐怕是他前世造的业",有这样的说法。

所谓"业",是一个非常复杂的词。但我想,简单地说,如果把它解释为造成事物原因的东西,就比较容易理解。所以,"思念造业"的意思就是思念、思想造成原因。

"思念造业"这句话还有一个意思,就是"理想必定实现"。"理想必定实现"这句话在全世界有关成功学的书里都有记载,我想大家也都知道。

这并不是说凡事只要想一想,马上就能实现。想好事必有好的结果,想坏事必有坏的结果,但是并不是一想就直接产生结果。佛教说思念造业,即思念制造原因。这个原因、这个"业"会在我们直面的现实世界里作为结果呈现出来。

但是，虽说思念制造原因，原因在现实世界会作为结果呈现，但思念到实现为止有时会花费很长的时间，所以一般人很难理解接受。实际上，并不是今天想了好事，明天就有好的结果；今天想了坏事，明天就会产生坏的结果。确实，从较短的时段看，为什么那样的坏人却那么成功，还发了大财，这个世道真的不公正，许多人可能会这么想。但是，到了我这样的年龄，从20年、30年的时段观察周围居心不良、损人利己的人，结果都没落了。而那些想好事，心怀善意，持续默默努力的人，不出所料，都度过了美好的人生。

那么，好事是什么呢？它就是希望别人过得比自己好，就是具备关爱、同情、体谅之心。想好事，做好事就能度过幸福的人生，不管东方还是西方，都把它作为普遍性的真理教给大家。

众所周知，基督教的教义中有一节说："请给予吧，那样，你就能得到。"日本也有"心好有好报"这句话，意思是同情他人等于救助自己。中国的老话说"积善之家，必有余庆"，意思也是思善、行善、积善，好报、福报一定会返回自己的家庭。

然而，有人或许会想，"自己既没有金钱又没有时间，想要帮助有困难的人，想要做点儿慈善事业，也无从实施，因此不必费心去想"。但是，不是说"思念造业"吗？也就是说，即使你没有能力去做好事，哪怕只是想好事也是好的。重要的是，只要一直想好事，就能积累好的原因。

人一旦取得了某种程度的成功，就会傲慢起来、自命不凡，只要"自己好就行"的利己心会冒头。但是，这种利己心会催生"别人如何，与我无关"的态度，这样就不可能招致好的结果。我们必须具备对对方的同情、关爱之心。"思念造业"这句话告诉我们，如果想成为一个优秀的领导人，不仅要祝愿周围的人，祝愿自己所在的社区的人，而且要祝愿整个人类幸福，要具备一颗充满关爱、同情、体谅的心。

"思念造业"这个教诲在我们遭遇灾难和困难时，也很管用。人在人生中会碰到各种各样的灾难和困难，比如遭人污蔑，受到中伤诽谤，感觉活着难受，一定会有这样的情况。我也曾经遭遇过许多问题，有时感到非常痛苦，根据我的经验，只要按照"思念造业"这一思想去做，就能从容应对一切困难。

所谓灾难，就是消业

十几年前，当我为某件事情痛苦烦恼的时候，我去请教临济宗妙心寺派圆福寺的西片担雪长老，他平素与我就有亲密交往。听了我的诉苦之后，长老微笑着说:"稻盛先生,你烦恼是你活着的证据。虽说遭遇了灾难,不过也就是这个程度的损失嘛!这不是很好吗?当灾难发生的时候,正是消除你过去所造的'业'的时候,所以你该高兴才对啊!这种程度的伤害就能了结,那是好事啊!如果要付出生命的代价,或许人生该告一段落了。除此以外,无论什么灾难,都不过是消除自己过去背负来的'业'而已。思念造业,这个'业'必然会实现。如果恶业以灾难的形式呈现的话,就意味着过去造的业,也就是原因消灭了。所以对你来说,这应该是一件喜事。"

作为遭遇灾难时应有的心态,我获得了最高的教诲。也就是说,这种程度的灾难就能收场,自己应该高兴,应该感谢。这样就能涌出新的勇气,把事情处理好,把困难解决好。

思念造业,而这个业一定会作为现象呈现。所以,要成为领导者的人应该拼命去思考好事、善事,思考如何去关爱、同情别人，思考如何为社会、为世人多做贡献。我认为，领导人由于具备了满满的关爱、同情他人之心，不但自己能够度过幸福多彩的人生，而且能够促使整个社会更加协调、更好发展。

以上我依据东方哲学，论述了领导人应有的姿态。简要地说，领导人不可将自己的才能私有化，要谦虚，不可骄傲，要持续不断地努力。同时，领导人不能只考虑自己的事情，要祈愿周围的人幸福，要具备关爱、同情、体谅他人之心。

但是，如果问我是不是已经达到了这个领导人应有的境界，很遗憾，我还没有达到。为了成为这样的领导人，我正在努力之中。

以上是我去年的讲演，并加上了若干补充。

首先应该思考"人生的意义"

在思考领导人应有的姿态,思考"领导论"的时候,我认为,首先还是应该认真思考作为一个人,人生应该怎样度过。其实,即使不是领导人,既然出生来到这世上,那么对自己而言,人生是什么?首先,我们必须对这一问题做出认真的哲学问答式思考。然而,我认为,实际上认真思考这类问题的人却意外地少。

因此,首先,人生是什么?人生的意义是什么?我们为何降临人世?为了干什么才来到世上?这些问题应该经常思考。为了把城市的行政工作做好,为了当好市行政各个部门的领导,或者说为了经营好企业,为了养活好家族,为了度过一个快乐的人生,不,为了度过一个苦难的人生等,总之,人有许许多多的目的。我认为,首先应该考虑清楚人生的意义究竟是什么。

才能不可私有化，为社会、为世人尽力

无视这一单纯却又最为困难的问题，就没有什么正确的"领导论"之类的东西。对于人生究竟是什么这个问题，长期以来我不停地研究。同时，在企业经营这个战场上，在痛苦呻吟中，我不断深入地思考。思考的结果是，我觉得，人生的目的就在于为社会、为世人尽力。我认为，森罗万象、一切事物都是平等的，都是为了为社会、为世人尽力而存在的，也正因为如此，才有存在的意义。

漠然懵懂地度过一个快乐的人生，或者背负辛劳度过人生，人生各色各样。但是，哪怕天生残疾，或者无论什么情况，不管有无才能，每个人在不同的岗位上为社会、为世人尽力，就是为了这一目的，创造主才把我们送到这世上。我让自己接受了这种观点。

另外，或许由于宗教背景不同，难以达成共识，但是我还是用"灵魂"这个词来表达。井筒先生称之为"存在",他认为只能用"存在"这个词;佛教里面叫"山川草木,悉皆成佛",就是一切事物中都有佛性。也就是说,所谓灵魂,无论叫神,叫佛,叫存在,一切都是相通的。

我稍稍离题一下。当初在创立第二电电时,从商社等各个地方来的员工聚集到一起,也就是说,不同企业文化培养的人才走到一起,共同开展通信这一波澜壮阔的事业,面对"庞然大物"NTT发起挑战。那时候,我这样鼓励大家:"在仅仅只有一次的人生中,我们获得了千载难逢的机会,我们举起了打破垄断的义旗。大家难道不能用卓越的工作来装点自己仅有一次的人生吗?"

"仅仅只有一次的人生",虽然我这么说了,但在佛教里面却说,灵魂是不断地轮回转生的。现在我们正在这个现世生活,但是灵魂有前世,有来世,还应该有来来世。也就是说,佛教教导我们,灵魂是通过轮回转生来到人世的。

这不仅是佛教的教义，在基督教的一部分宗派里，最近也有人表明，他们认可了轮回转生这个观点。《圣经》里面虽然没写上，但基督在生前曾经讲述过轮回转生，某位学者告诉了我这件事。

也就是说，灵魂在不断地轮回转生。在这个现世，在座的各位成了管理者，从事令人羡慕的、有价值的工作。这样华丽的人生或许就是各位今世的人生。另外，有的人升学考试落榜，人生遭遇挫折，只能在底层打打杂。但是，无论是辛苦艰难的人生，还是华丽荣耀的人生，其实这一切都是灵魂在现世修炼的不同形式而已。

刚才我讲了，"人不可以因为具有才能，获得成功而傲慢不逊"。其实，所谓成功，也是创造主给予我们灵魂的考验，也是修炼灵魂的一种形式。赐予你优越的条件，在这种条件下，你的灵魂作何反应，你的言行举止如何，创造主正在注视你。所以，我认为，无论成功也好，失败也好，都是创造主给予我们的修炼机会。也就是说，所谓人生，就是在严酷的现世中，让灵魂得到修炼。

修炼灵魂是为了创造一个充满关爱、和谐的幸福社会。美丽的、善良的灵魂汇聚到一起，世界才会和平安详。

就是这样，现世是为了净化、纯化、深化灵魂而存在的。所以我认为，作为修行的场所，我们才会反复多次地来到这个世上。

在这个仅有一次的人生中，即使一举成功，哪怕成了富翁，也不过转瞬即逝，绝不可能带到来世。没有必要因为事不如意而闹别扭、发牢骚，也没有必要意气消沉、一蹶不振。我认为，只要以淡泊的心态思考并尝试如何为社会、为世人尽力,这就是人生。所以,首先要让自己充分认识人生的意义是什么,应该从这一点开始走出自己人生的道路。

"为社会、为世人"应是公仆的人生态度

上面我讲了一些似乎很了不起的话。诸位都是公务员,我认为,与我们民间人士比较,还有一点不同就是对你们的要求要更严格。

我现在已经64岁了,战争结束那年,我是旧制初中一年级的学生。我出生在鹿儿岛,它位于九州南端。冲绳战役结束,美军下一次的登陆地点就定为南九州。而战争一结束,美国驻军很快就进入了。日本陆军在南九州鹿儿岛一带海岸线上结集了大量的坦克战车,驻屯了大量的陆军部队。日本投降后,美军在鹿儿岛市内汇集日本陆军的战车,宽阔的鹿儿岛机场

上坦克战车一望无际。日本陆军的坦克装着弹药,自己却离开,逃了回来。

所以,孩童时代我也曾坐上装满实弹的坦克,玩得神魂颠倒。突然,进驻军的将校们来了,对我们这些军国少年宣讲民主主义。我有一种如梦初醒、恍然大悟的感觉。同时,整个社会发生了180度的转弯,世道变了。

当时听到一种说法,国家公务员乃至地方公务员都是"公仆",都是public servant。而在战后的一段时间内,"公仆精神"这个词也很时髦。可惜过了不久,这个说法就销声匿迹了。在日本,官员自古以来就高人一等,凌驾于民众之上。也就是说,为了维护天皇制的社会体制,官员作为天皇统治的臣仆凌驾于一般民众之上。因此,我认为,"百姓的统治者"这种意识从不知不觉之间,就在包括国家公务员在内的诸位身上蔓延开来。这种意识从地方公务员、国家公务员的言论行动中流露出来。我经常有机会在旁边看到这种情况，这是很让人遗憾的。

当好公仆，当好 public servant，为诸位治下的民众服务，为民众尽心尽力；所谓"为社会、为世人鞠躬尽瘁"，将这句话付诸行动、亲身实践的，就是国家公务员、地方公务员。更何况诸位是公务员中的领导，民众会对领导干部应有的姿态提出更为严格的要求。

然而，领导人必须自己做出判断

谈到具体的"领导论"，我想会有各种各样的观点。拿我粗浅的经验来说，因为在 27 岁就建立了公司，当时公司所有董事的年龄都比我大。创建公司时一起从前面一家公司辞职的董事，年龄比我大许多，原来都是科长、部长，部长比我的父亲还要大两岁。

所以，27岁的我在经营企业的过程中，必须指挥、命令同我父亲年龄相仿的人。当时，我连经营的"经"都不晓得，也从来没有学过应该怎么当领导人，所以我非常困惑。

这种困惑大体上有两个方面。关于这两个方面的问题，我认为直到今天，在经营中仍然是非常重要的。

一个方面是，比我年龄大的员工来向我请示："现在发生了这样的问题，您看……"其中有制造上的问题、技术上的问题，还有销售、财务、会计上的问题等各种各样的问题。"发生了这样的问题，该怎么做才好？"这样的商谈和请示每天都不少。对于精密陶瓷的研究和技术开发，我是专家。但一碰到会计、财务、销售问题，我就没有经验了，尽是些我不懂的事情。这些问题不是说一声不懂就完事了，不能搁置，不能拖延推诿，必须做出某种判断，表示某种意见，这就是领导人不容回避的职责。

烦恼时我去书店，阅读阐述"领导论"的书。其中写着"不可当独断专行的领导人""独断专行的领导人会破坏组织""信任部下，将权限'委让'给部下，这种领导人才是最好的领导人"等等。话虽这么说，但是自己不负责任，因为不懂就推给部下，借以逃避责任，并把这种做法称为"权限委让"。看到有人这么主张，我就觉得不对头。但是，事实上我对有关议案完全不懂却又必须下指示，不懂装懂、瞎指挥也不行。那么，究竟怎么办才好呢？一想到这里，我就烦恼不已。

然而，烦恼归烦恼，领导人还是必须做出判断。当时我就想到，在孩童时代，父母和学校老师在训斥我们时教给我们的道理，就是"什么可以做，什么不可以做"。是不是应该将这种朴实的伦理观作为判断的基准呢？这种伦理观的根基，就是只有小学毕业的我的父母教导我的道理。

这样思考的话,无论是多么困难的经营课题、多么难以运行的组织,只要领导人把"作为人,何谓正确"这一点作为基准进行判断,就不会犯错误。

于是,我就想到把这作为判断的基准。

那时,我是技术员,我就想:"人和人都是平等的,每个人都只有一次宝贵的人生。但是,有的人活得风生水起,有的人过得庸庸碌碌,人生百人百样,其中的差别究竟是从哪里来的呢?"

在我们的人生中,包括个人的问题、家庭的问题、组织上的问题,我们每天都要做出判断和决断。夫人在孩子问到在学校碰到的问题时,要做判断:"这不行!""那可以做。"如果不断做出正确的判断,这种判断的积分就带来了好的人生结果。

即使至今为止的判断都正确,但只要做一次错误的判断,至今辛苦筑起的成功,就可能顷刻瓦解。这样思考导出的结论是:做了多少好的、正确的判断,决定了那个人的人生。那么,要做出好的、正确的判断,基准是什么呢?这种判断基准到哪里去找呢?

如果问这样的问题,我认为,这个基准就是当事人所持有的哲学。当初,我决定用父母教诲的"作为人,何谓正确"这一朴素的伦理观作为基准就行了。现在,我想到,应该持有提高到哲学层次的判断基准和判断规范。

持有优秀的哲学度过人生还是稀里糊涂度过人生,人生的结果会出现巨大的差距。同时,领导人以正确的判断基准判断事物,他的部下就很幸福;在没有判断基准,判断随意改变,出尔反尔的领导人下面做事,部下就会迷惑、痛苦。

为了理解这个所谓判断基准，我们可以这么思考：比如，我们没有任何明确的意识，只是处在茫然的生存状态时，我们是用脑细胞进行判断的。所谓脑细胞，就是心，也就是说我们是用"心"对事物做出判断的。"心"呈现多重结构。一开始，我们使用位于心的最外侧的"本能"进行判断；接着用"感觉、感情"，向里是"理性"，再向里还潜藏着"灵性"，心的最深处有"真我""灵魂"。

从这个观点出发，请大家思考一下刚才提到的"领导论"。如果不具备自己的哲学这一坐标轴，即正确而明确的判断基准，如果不反反复复对自己诉说这种哲学，那么针对部下拿来的问题，领导人就会以"本能"加以判断。一般情况下，我们都会考虑"对自己是否方便，是否有利""能不能保住自己的面子"由此做出判断。"部下拿来的问题，自己承担责任去解决的话，往后或许会给自己带来损害、麻烦"，这就是患得患失，从本能的层次上判断。

本能层次的判断就是用利己心判断。当意识混沌不清时，只会这么去思考，经营者也不例外。到底赚钱还是不赚钱？用这种本能考虑问题，做出判断，一般情况下都是这样。

或许有人会说："我才不会以那么低级的本能判断事情呢。"但是，排除本能的判断实际上极为困难。能够做到这一点的人，必须是平日就不断用严格的克己精神进行自我修炼的人，必须是时时用严厉的目光注视自己内心的人。

还有一种人，他们不是以"本能"，而是以"感觉、感情"做出判断。所谓"感觉、感情"就是人的"五感"。比如，以美丽、漂亮作为基准对事物做出判断。所谓美丽、漂亮，不仅指眼睛的视觉，还指耳朵听到的声音。但是，这样的基准误差很大。

到昨天为止还觉得美妙的音乐,随着欣赏水平的提高,就觉得不好听了,转而想要追求更动听、更高级的乐曲。

人的"感觉、感情"其实是很不稳定的东西,用它作为基准判断事物,判断的结果难免因时而变。

或许有人主张应该以"理性"判断事物,尽量不凭感觉、感情,不让本能外露。但是,理性虽然可以用来对事物进行分析,进行逻辑推理,却无法做出决断。比如,诸位将课题抛给部下讨论研究,部下会提出各种问题:"部长,如果这么做,会有这样的结果。"但是,当你问他"那么,你认为怎么做好"的时候,他就会说:"不!那是部长应该决定的事。"

"这么做,或许会有这样的结果;那么做,或许就会有那样的结果。我不过是做分析推导,究竟采取哪种方案,应该由部长来决定。"

结果,驱动理性并不能得出结论。所以,在对事情做出决断时,我们应该具备尽可能高层次的判断基准,也就是提高到哲学层次的判断基准。为了能够使用这种基准判断,我们就必须把自己的心性提升到高层次的境界。也就是说,聚焦到"对社会、对世人是有利还是不利"这一点上,对事物做出判断。前面提到"积善之家,必有余庆"这句话,我认为就应该用"是善还是恶"作为判断的基准。

"率先垂范"才是真正的领导人风范

还有一件烦心的事,即领导人是应该冲在第一线与部下共同奋战,还是应该待在后方阵地,与参谋讨论和制订作战方案,然后向前线发出命令,进行指挥呢?究竟哪一种是正确的领导方式呢?这个问题在创立企业以来相当长的一个时期内,一直困扰着我。

就我自己而言，原本我就是一个平民意识很强的人，所以我认为，领导人必须是在第一线与部下同甘共苦的指挥官。但是，只是废寝忘食、一味地与部下一起在前线摸爬滚打，就没有了思考作战计划的时间。所以我又想，作为指挥官，还是应该待在后方，以便有从容思考的时间。但是，只是在后方思考，对前方将士的艰苦劳顿一无所知，那样的命令指挥真的能起到领导人的作用吗？我苦苦思索，烦恼不已。

当时，思考得出的结论是：在最前线与部下一起蹚泥涉水、同甘共苦，是我心目中领导人形象的原点。当然，有时领导人又需要退居后方。但这时我会事先告诉部下："为了把握整个战局，为了推敲、制订作战方案，从明天起，我要到后方去。我要离开前线了，这里的事情就全权拜托给你们了。但作战计划一旦做好，我马上就会回到前线来，请你们放心。"我想采用这样的指挥方法。

才能不可私有化，为社会、为世人尽力

另外，当时司马辽太郎的《坂上之云》还没有出版。我之所以做这样的决断，同一个人有关，他就是我鹿儿岛的同乡、老前辈大山岩元帅。对他的领导风格，我抱有异议。

大山元帅是日俄战争时期在满洲作战的日本陆军总司令官，大山元帅下面有儿玉源太郎大将以及进攻203高地的乃木希典等人物。当时，萨摩藩下级武士出身的大山元帅被称为日本陆军最有代表性的领导人。而在进攻203高地中恶战苦斗的乃木希典，被国人称为"蠢货"。他只知进攻、进攻，己方死伤累累，连自己的儿子也战死了。尽管日本陆军伤亡惨重，但203高地仍然没能拿下。

在后方阵地上眼看前方屡攻不克、士兵伤亡的惨状，大山元帅却端坐不动。有这么一段逸事：晨起，远方的大炮"咚咚"发响，起床后的大山元帅听到炮声，对身旁的副官用鹿儿岛方言问道："今天

仗在哪儿打啊?"听到这里,我就想:"这真是胡扯!"自己的部下血肉横飞、死尸累累,203高地久攻不下,目睹此情此景,大山元帅却摆出一副泰然自若的样子,询问参谋"今天在哪儿打仗"。真的能那么镇定坦然,把一切交付给部下,一切都信任部下,连那么屡战屡败的乃木希典也不弃不撤,守护到底吗?当时的人们纷纷称颂大山元帅:"看!这才是军人楷模。"

但是,我却不以为然:"我可不想成为大山那样的领导人。如果是我的话,我会去前线,与乃木希典一起攻克203高地。"我认为,这种姿态是率领弱小集团克敌制胜的绝对条件。

在已经发展成熟的大商社、大银行里,干部要想向上升级,或许应该采取泰然自若的态度,像诸位一样,在有历史的大企业里可以这么做。但像我这样率领弱小风险企业的领导人,却不能这么悠然自得。我

才能不可私有化，为社会、为世人尽力

虽然没有观看NHK播放的大型电视连续剧《秀吉》，但我想，像年轻时的丰臣秀吉那种统率弱小部队的大将，一定是率先垂范的典型。

在已经形成的大组织中，指挥官或许可以待在后方，泰然自若地推敲作战方案，制订作战计划，再向前线发出命令。但是，像诸位一样，既然承担着京都行政的要务，要把京都市搞出生气，还要认真地思考改革的问题，那么我认为，诸位必须要下决心改变以往的做法。作为领导人，诸位一定要率先垂范，拿出勇气，奔赴改革的第一线。

记得当时，我曾在自己的组织里发出指令："缺乏领导勇气的人下台！"我甚至告诫说："缺乏勇气的人当上领导，是组织的悲剧。"这是我一贯的用人方针。

以上我讲了一番独断的、充满偏见的话。希望你

们以高层次的判断基准，针对决定自己组织命运的事情做出判断、决断。同时，拿出勇气，率先垂范，与部下一起打开京都市行政改革的新局面。

要 点

无论你取得了多大的成功，也不足以有骄傲的资本，你必须始终保持谦虚。

○

人的本质都是平等的存在，这一点真实不虚。至于每一个人，则都是偶然被赋予了某种才能和姿容来到人间，在现世这个舞台上扮演他一生的角色。

○

才能是为了用于为社会、为世人服务才偶然被赋予的，所以不能将它私有化，用来为个人谋利。

才能不可私有化，为社会、为世人尽力

○

要舍弃个人，为社会效劳，就必须对自己严加管理，严肃训诫。然而，认为自己的才能是自己的私有物的那一瞬间，人就已经傲慢了，这意味着过去的成功都将付诸东流。

○

领导人不是为自己使用才能，只有为组织、为部下使用这种才能，才算不辜负神灵的期待，尽到了自己的本分。领导人的地位越高，就越要严格自律，这是领导人应尽的职责。

○

如果想成为一个优秀的领导人，不仅要祝愿周围的人，祝愿自己所在的社区的人，而且要祝愿整个人类幸福，要具备一颗充满关爱、同情、体谅的心。

○

思念造业，而这个业一定会作为现象呈现。所以，要成为领导者的人应该拼命去思考好事、善事，思考如何去关爱、同情别人，思考如何为社会、为世人多做贡献。领导人由于具备了满满的关爱、同情他人之心，不但自己能够度过幸福多彩的人生，而且能够促使整个社会更加协调、更好发展。

○

人生的目的就在于"为社会、为世人尽力"。森罗万象、一切事物都是平等的，都是为了"为社会、为世人尽力"而存在的。

○

无论成功也好，失败也好，都是创造主给予我们的修炼机会。也就是说，所谓人生，就是在严酷的现世中，让灵魂得到修炼。

才能不可私有化，为社会、为世人尽力

○

在这个仅有一次的人生中，即使一举成功，哪怕成了富翁，也不过转瞬即逝，绝不可能带到来世。

○

无论是多么困难的经营课题、多么难以运行的组织，只要领导人把"作为人，何谓正确"这一点作为基准进行判断，就不会犯错误。

○

至今为止的判断都正确，但只要做一次错误的判断，至今辛苦筑起的成功，就可能顷刻瓦解。

○

持有优秀的哲学度过人生还是稀里糊涂度过人生，人生的结果会出现巨大的差距。

○

在最前线与部下一起蹚泥涉水、同甘共苦,这是领导人形象的原点。

○

如果要认真地思考改革的问题,那么就要下决心改变以往的做法。作为领导人,一定要率先垂范,拿出勇气,奔赴改革的第一线。